meinem lieben Vater gewidmet

Florian Wilke

Stadtgeschichten

Die Deutsche Bibliothek - CIP-Einheitsaufnahme
Wilke, Florian
Stadtgeschichten
ISBN: 978-3-8370-6812-2

1. Auflage © 2008 Florian Wilke
Alle Rechte vorbehalten

Umschlagabbildung: Markt von Fürstenwalde,
nach einer Postkarte um 1910

Herstellung und Verlag: Books on Demand GmbH,
Norderstedt
ISBN: 978-3-8370-6812-2

Die erste Geschichte

Podiumsdiskussion in Beeskow: Ein Professor wird mit der Anekdote vom Alten Fritz und der Windmühle von Schloss Sanssouci konfrontiert. Sie kennen die Geschichte vermutlich auch: Den preußischen König störte angeblich das Geklapper der Mühle, aber er ertrug es weiterhin, weil der Müller mit dem Kammergericht drohte. Dieser königlichen Schöpfung unterwarf sich angeblich auch der König selbst. Der Professor erledigte den Einwand mit: „Die Geschichte ist erfunden und überhaupt kann man mit Anekdoten keine Geschichte schreiben". Der Alte Fritz hat genug gut belegbare wahre Anekdoten hinterlassen. Warum hat man eine weitere erfunden?

Sehen wir uns also einmal die wahren Geschichten vom Alten Fritz an: Eine Gemeinde beantragt einen neuen Pfarrer weil der jetzige nicht an die Auferstehung des Fleisches glaube. Der König kritzelte an den Rand des Antrages: „[...]wenn er am jüngsten Tage nicht mit aufstehen will, kann er ruhig liegen bleiben". Ein Tabakhändler möchte Kommerzienrat werden. Die Antwort dazu: „[...]Passender für Ihn ist der Titel Tabacksrath, den Ich Ihm hierdurch beilege, [...]" Man kann die Reihe der Randbemerkungen beliebig fortsetzen, es gibt inzwischen ein ganzes Buch davon. (1) In diesem Werk wird man keine Stelle finden, die im 19. und frühen 20. Jahrhundert als politisch korrekt gelten konnte. Für die Veröffentlichung einer Geschichte von dem beliebten König musste man wohl eine neue erfinden, bei der weder Adel noch Kirche noch Bürgertum oder Verwaltungen in ein schlechtes Licht geraten. Das Bild vom Alten Fritz wurde dem Zeitgeist angepasst, also gefälscht!

Anekdoten geben wohl doch einen historischen Inhalt wieder, wenn man sie nur in den richtigen Zusammenhang stellt. Wahre Anekdoten haben dabei noch einen anderen Vorteil: Die kleinen Geschichten zeigen die Menschen außerhalb der offiziell zurechtgebogenen Geschichtsschreibung. Sie geben zwar keine Staatsverträge korrekt wieder, aber sie machen Ge-

schichte lebendig und schreiben an dieser „von unten"
ein wenig mit.

Ich beschränke mich hier auf wahre Geschichten und
auf das Arbeitsgebiet „Fürstenwalde", das mich seit
Jahrzehnten beschäftigt. In mehr als 700 Jahren
Stadtgeschichte sammelt sich so einiges an Histörchen
an. Das Büchlein ist deshalb eine Auswahl, und zwar
eine völlig willkürliche. Thematisch habe ich einiges
auch bewusst weggelassen. Die Geschichte der
Brauerei ist beispielsweise so umfangreich und voller
interessanter Vorkommnisse, dass sie hier fehlt. Es sollten ja nicht nur Biergeschichten, sondern ein bunter
Reigen sehr unterschiedlicher Stadtgeschichten zu
Papier gebracht werden.

Die Entstehung des Büchleins ist auch der Tatkraft der
Brendler-Schwestern und dem Fürstenwalder Museum
zu danken.

Altpapier

Am Anfang des 19. Jahrhunderts quoll das Rathäusliche Archiv, die Registratur, von Papier förmlich über. Jahrzehntealte Rechnungen für irgendwelche Nebensächlichkeiten wollte man aussortieren und als Altpapier verwerten. Für diese Arbeit stellte die Stadt die seinerzeit beträchtliche Summe von 200 Talern zur Verfügung. Den Auftrag erhielt der Handlungsgehilfe Hoffmüller. Es ist unbekannt, warum ausgerechnet Hoffmüller diesen Auftrag bekam. Man kann nur in Anlehnung an mancherorts heute noch geltende Grundsätze Vermutungen anstellen. Vielleicht besorgte Hoffmüller Magistratsmitgliedern oder der Stadt irgendwo Sonderkonditionen. Wahrscheinlich hatte er aber nur ein ebenso schlichtes Gemüt und geringes Wissen wie der Magistrat selbst. Die Magistratsmitglieder hielten die Arbeit für eine einfache Aufgabe, welche jedoch Gewissenhaftigkeit verlangte. Hoffmüller fand die Arbeit auch einfach und machte sich gleich daran. Neuere Verträge, Berichte und Rechnungen blieben in der Registratur und ältere wurden aussortiert. Man brauchte ja nur auf das Datum zu sehen! Nur wenige alte Urkunden verblieben im Rathaus, vielleicht aus Versehen, vielleicht, weil sie so schön geschrieben waren.

Glücklicherweise gab es noch kein anonymes Recycling über den gelben Sack und in einem geschlossenen System. Das Altpapier, es waren 62 Zentner, wurde in Bündeln öffentlich an Buchbinder oder an Händler verkauft. Dem Kaufmann Wieser fiel sofort auf, dass ein Teil aus mittelalterlichen Urkunden und einigen etwas jüngeren, aber stadtgeschichtlich brisanten Schreiben bestand.

Drei Volumina solcher alter Akten konnte er erwerben. Den Lesestoff gab er dem Oberpfarrer Dr. G. Goltz. Dr. Goltz verfasste mithilfe des Altpapiers die erste moderne Chronik der Stadt Fürstenwalde. Diese Chronik, ein Werk von beinahe 700 Seiten und mit 14 Lithographien wurde 1837 auf Kosten der Stadt gedruckt. Da konnte Goltz Kritik schlecht anbringen. Er tat es dennoch.

Dr. G.F.G.Goltz.

Im laufenden Text wird nur der Vorgang selbst wertungsfrei beschrieben. Sollte ein Magistratsmitglied tatsächlich in der Chronik gestöbert haben, so hätte er hier nichts Anstößiges gefunden, höchstens das überzogene Gehalt für Hoffmüller. Goltz konnte davon ausgehen, dass kein Angestellter der Stadt quellenkritische Studien betreibt. So findet sich in dem Quellenverzeichnis auf S. XX unter Pos. 11 dann doch die korrekte Bezeichnung für den Vorgang: „Schiffbruch". (2)

Qualitätssicherung

Haben Sie schon mal erlebt, wie ein neuer Geschäftsführer, Geschäftsstellenleiter oder anderer Manager gesucht wird? Nein? Das Prozedere geht so: In der Ausschreibung sind die Anforderungen formuliert. Aus den daraufhin eingehenden Bewerbungen werden die ganz unmöglichen aussortiert und an dem Rest wird so lange herumgemäkelt, bis eine kleine Auswahl übrig bleibt. Diese kommt alsbald vor ein Gremium und erzählt dort, was man hören möchte. Außerdem stellt jeder Kandidat mit freundlicher Miene die eigenen Vorzüge ins hellste Licht. Die Chancen sind also recht hoch, dass für den Posten gerade die größte Niete gezogen wird. Vielleicht hat der Bewerber gewinnend gelächelt, die geringsten Gehaltsforderungen gestellt oder er schien von Geschlecht oder Herkunft zu passen.

Eine weitere Gefahr eine Niete zu ziehen besteht in dem Umstand, dass man unbedingt jemanden aus dem eigenen Unternehmen haben möchte, ob es eine fähige Person gibt oder nicht! Diese Diskussion gab es auch 1922 in Fürstenwalde, als man einen neuen Bürgermeister brauchte. Es sollte doch endlich einmal ein Einheimischer sein! Dabei wäre die Sache einfach gewesen, hätte man sich nur einmal die bedeutenden Bürgermeister Fürstenwaldes angesehen: Jacob Lotichius, Bürgermeister von 1679 bis 1691, war zum Beispiel aus Riga, und Clausius, von 1853 bis 1878 Bürgermeister, kam aus Schwerin a. d. Warthe. Dass der seinerzeit letzte Amtsinhaber Dr. Walter Dudek, welcher aus Altenburg kam und von 1919 bis 1922 Bürgermeister war, einmal die Währungsreform in der BRD maßgeblich vorbereiten würde, konnte man noch nicht wissen.

Einig war man sich über die Anforderungen: Der Neue Bürgermeister sollte ein „sehr guter Verwaltungsfachmann sein und juristische Kenntnisse könnten nicht schaden".

Man musste jedoch feststellen, dass es in Fürstenwalde niemanden gab, der den hohen Ansprüchen genügen konnte. Die Stelle wurde ausgeschrieben.

80 Bewerbungen gingen daraufhin ein. Die meisten Bewerber waren der Kommission zu alt. Es blieben fünf übrig, von denen drei in die engere Wahl kamen. Üblicherweise hätten die drei nun in Fürstenwalde eine Vorstellung vor dem Ausschuss des Magistrats geben müssen. Diese Show ließ man ausfallen. Stattdessen setzte sich der Ausschuss ins Auto und fuhr durch die Lande, um den Kandidaten vor Ort auf die Finger zu sehen. Das ist innovativ und ich glaube auch einmalig! Am 13.6.1922 fiel die Entscheidung: Bürgermeister Stoll aus Lauenburg sollte der künftige Bürgermeister von Fürstenwalde werden.

Mit dieser Entscheidung hatte man dann gleich ein neues Problem, denn der 5000-Seelenort Lauenburg im westlichen Deutschland zahlte seinem Bürgermeister Stoll ein höheres Gehalt als es die brandenburgische Kommunalordnung für die 22.000 Einwohner Fürstenwaldes vorsah. Der Magistrat wollte aber unbedingt einen fähigen Bürgermeister haben. Deshalb wurde auch diese Hürde genommen und beim Land eine Sondergenehmigung für die Besoldung erwirkt.

Dieses Beispiel zeigt, dass kluge und kreative Verwaltungen doch nicht ganz ein Ding der Unmöglichkeit sind, genauso wie fachlich qualifizierte oder auswärtige Bürgermeister. (3)

Instand besetzt

Im Jahre 1700 war das kurfürstliche, beziehungsweise seit 1701 königliche, Jagdschloss Fürstenwaldes vollendet. Allee, Garten, Angelhäuschen und Karpfenteich folgten 1711. Bereits 1742 war das Angelhäuschen schon wieder abbruchreif. Vom König wurde das Jagdhaus schon lange nicht mehr benutzt. In Fürstenwalde ging man davon aus, dass das wohl so bleiben würde. Vielleicht hatte der preußische Königshof das Schloss ja vergessen. Das war die Gelegenheit, Raumprobleme der Stadt kostenneutral zu lösen. Heute würde man sagen, das Schloss wurde instand besetzt. Die Besetzer gehörten nur nicht der alternativen Szene an, sondern die Stadt selbst organisierte die Besetzung, und das Gebäude gehörte nicht irgendeinem Bürger, sondern dem Land!

Das brennendste Problem der Stadt war ein Feuerschaden, der einige Bürger obdachlos gemacht hatte. Ihnen wurde ein Teil des Jagdschlosses vorübergehend als neues Zuhause zugewiesen. In unmittelbarer Nähe befand sich auf städtischem Gebiet eine Siedlung, die „Amtscolonie" oder „Leinwandfabrique". Amtsrat Schönholz ließ, sicher ohne höhere Erlaubnis, im Schloss eine Strumpfwirkerei mit Wohnungen einrichten. Als in der Stadt das Regiment Schwerin einquartiert wurde, beanspruchte dessen Kommandeur eine standesgemäße Wohnung. Gegen ein Schloss konnte er nicht opponieren, selbst wenn es zum Teil Werkstatt war und von einer Reihe gewöhnlicher Bürger bewohnt wurde. Skrupel hatte die Stadt sicher nicht. Das Militär und auch die Weberkolonie waren ungeliebt und ihr sowieso nur vom König auferlegt worden.

Das Jagdschloss hatte man in Potsdam durchaus nicht vergessen. Aus königlichpreußischer Sicht stand es völlig leer und wartete geradezu auf eine neue Nutzung. Es sollte Militärgetreidemagazin werden.

Preußischer geht es nicht mehr: Ein Vergnügungstempel wird zum Wirtschaftsgebäude für das Militär. Um kein falsches Licht auf das Preußen dieser Zeit zu wer-

fen – Militärmagazine waren auch so eine Art Staats-
reserve, die in Notzeiten der ganzen Bevölkerung
zugutekamen.

Der oberste Versorgungsoffizier Berlischke wurde also
nach Fürstenwalde geschickt, um festzustellen wie viel
Getreide eingelagert werden konnte. Da wurde die ille-
gale Nutzung durch die Stadt und teilweise auch durch
das Amt offenbar.

Und was passierte? Heute wäre ein solcher Fall sowieso undenkbar, würde die Gerichte längere Zeit beschäf-
tigen und hätte kräftige Schadenersatzansprüche zur
Folge. Damals passierte nichts. Die illegalen
Nutzungen wurden aufgegeben und das Schloss zum
Magazin umgebaut. Das ist auch preußisch, wenigstens
beim Alten Fritz. (4)

*Das kurfürstliche bzw. königliche Jagdschloß nach
dem Umbau, Lithographie ca. 1845*

Ein Zahnarzt

Die Namen geistig Behinderter und Süchtiger darf man vorerst nicht ausschreiben. Nennen wir einen alkoholabhängigen Zahnarzt in der Promenadenstraße deshalb einfach K.

K. praktizierte in den 50er Jahren des 20. Jahrhunderts und machte sich mit einigen aufsehenerregenden Aktionen einen Namen. Es gab auch unspektakuläre Vorfälle, wie jenen, als eine Frau mit starken Zahnschmerzen ahnungslos in seine Sprechstunde kam. Die Patientin wurde aufgefordert wegen der „Vorbereitungen mit nach unten" zu kommen. Willenlos, weil von wahnsinnigen Schmerzen geplagt, folgte sie ihrem Arzt bis in den Keller. Dort befand sich das Mittel für das Gelingen zahnärztlicher Kunst – die Schnapsflasche. Freundlich wurde auch der Patientin einer angeboten. Als sie mir die Geschichte erzählte, wusste sie selbst nicht mehr, ob sie das Angebot angenommen hatte oder gleich geflohen war.

Am bekanntesten ist die Geschichte, bei der der Aktionsradius von K. besonders groß war.

Es war in der Adventszeit. K. setzte sich einen Adventskranz mit brennenden Kerzen auf den Kopf und lief so zum Gaudi besonders vieler Fürstenwalder im Stadtzentrum umher. Spätestens seit diesem Spaziergang gehörte er zu den stadtbekannten Persönlichkeiten.

Andere Possen hatten weit weniger Zuschauer, obwohl sie nicht weniger originell waren. Damals waren Eisenbahnschranken noch sehr lang oder hoch, weil ein „Sabotagebalken" über zwei Fahrspuren reichte. Die in der Eisenbahnstraße waren besonders oft und lange geschlossen. Auch K. musste davor warten. Eines Tages zog er bei dieser Gelegenheit sein Hemd aus und legte es auf die Spitze der Schranke. Als die Fahrbahn wieder freigegeben wurde hisste die Schranke zuerst das Hemd wie eine Fahne, dann rutschte es langsam herunter und wurde von dem klatschenden und jubelnden K. in Empfang genommen.

Fürstenwalde war auch die Stadt mit den meisten

„Russen", das heißt Soldaten der Roten Armee. Die zahlreichen Transporteinheiten fuhren oft in Kolonnen durch die Stadt. Auf Kreuzungen, an denen abgebogen werden sollte, stand dann ein Regulierer der Sowjetarmee und wies der Kolonne den Weg. Auch im Bereich der Zahnarztpraxis kamen öfter Militärkolonnen vorbei. K. übernahm unaufgefordert die Rolle des Regulierers. Er baute sich mitten auf der Fahrbahn auf und wies den Fahrzeugen eine Richtung an, die ganz bestimmt nicht eingeschlagen werden sollte. In den Lastwagen war man ratlos. Man konnte nicht vorbeifahren. Auf Hupen und abruptes Anfahren reagierte der „Regulierer" nicht. Der mit heftigen Gesten begleitete russische Wortschwall des Kommandeurs beeindruckte auch nicht, denn der „Regulierer" hatte hier das Kommando und gab an, wohin die Kolonne zu fahren hatte. Es folgte langes Schweigen im Fahrerhaus des Führungsfahrzeuges. K. rührte sich nicht vom Fleck. Die Hoffnung, dass sich das Problem von selbst lösen würde und K. einfach verschwand, konnte man begraben. Ihm wurde einfach nicht langweilig. Dann kam doch noch Bewegung in die Sache. Der Offizier befahl zwei Soldaten, den ungebetenen Regulierer einfach zur Seite zu stellen. Sie hoben das Verkehrshindernis K. an und setzten ihn auf dem Bürgersteig wieder ab. K. wehrte sich nicht. Er blieb am Straßenrand stehen und winkte freundlich den vorbeifahrenden LKWs der Roten Armee zu.

Der Bürgermeister als Dieb

Es war im August 1945. Die Stadt Fürstenwalde verfüg-
te über einen Liter Milch pro Tag - für die ganze
Bevölkerung! Im Nachbarort Hangelsberg gab es viele
gute Milchkühe, welche von der SMAD, der
Sowjetischen Militär Administration, streng bewacht
wurden. Ein offizielles Bittgesuch an die
Hangelsberger SMAD wurde abschlägig beantwortet.
Der zuständige Offizier ließe „lieber auf die Erde
abmelken" als Fürstenwalde etwas abzugeben. Das war
gemein. Wie sollte man die Babys durchbringen?
Sollten noch mehr Leute sterben?
Irgendwie gewann nun altes preußisches Pflicht-
bewusstsein die Oberhand in dem kommunistischen
Bürgermeister. Er war der Diener seiner Stadt und
setzte nun mit einem raffinierten Plan sein Leben aufs
Spiel! Helfershelfer war „der berühmte Berliner
Veterinär Willi Schreiber", dessen wahre Identität nicht
bekannt ist. Eines schönen Tages erschienen die beiden
auf einer Hangelsberger Weide. Dem Wachposten wie-
sen sie einen Ausweis vor, den sie sich selbst mit viel
Fantasie gebastelt hatten.
Eine furchtbare Viehseuche, die Maul und
Klauenseuche, ginge derzeit um. Deshalb sei der
gesamte Viehbestand unverzüglich zu kontrollieren. In
aller Ruhe wurde die Herde nun untersucht. Bald
waren die besten Kühe gefunden. Der Posten erfuhr,
dass diese alle Symptome der schlimmen Krankheit
hätten und deshalb sofort in Quarantäne müssten.
Hochoffiziell wurden zwei Kühe nach Fürstenwalde
verbracht und dienten von Stund an der Versorgung
der Stadt. Es wurde später auch behauptet, dass die
Kühe als Fleischeinlage im Essen der Volksküchen
geendet hätten. (5)

Das Attentat

„Fürstenwalde, den 2. Juli 1895. [...] In der Nacht vom Sonnabend zum Sonntag gegen 2 Uhr lief mit den Postsendungen des fahrplanmäßigen Schlesischen Nachtzuges auf dem Haupt-Paketpostamt in der Oranienburger Straße [in Berlin] eine Kiste ein. Dieselbe war etwa 0,75 Meter lang und 40 Ctm. breit, hatte ein Gewicht von 25 Pfund und trug die anscheinend mit verstellter Handschrift geschriebene Adresse: 'An das Königliche Polizeipräsidium hierselbst, zu Händen des Herrn Polizeioberst Krause'. Die Sendung war am Sonnabend Nachmittag auf dem Postamt in Fürstenwalde a. d. Spree aufgegeben worden. Einer der im Nachtdienst beschäftigten Postbeamten, dem die Adresse auffiel, trat näher an die Kiste heran, da hörte er, dass aus derselben ein leises, aber deutlich wahrnehmbares Ticken herausdrang, und länger hinhorchend kam der Beamte zur Überzeugung, dass in dem Packet eine gehende Uhr verpackt sein müsse. Sehr richtig kombinierte er nun, daß der Herr Polizeipräsident Krause unmöglich eine Uhr in Fürstenwalde für seinen Gebrauch bestellt oder gekauft haben könne. Er forschte nach dem Absender und fand auf der Begleitadresse den Namen Carl Becker, nicht Thomas, wie in unserem gestrigen Extrablatt angegeben ist, vermerkt. Der Beamte verständigte nun den den Nachtdienst beaufsichtigenden expedierenden Sekretär von der verdächtigen Kiste. Dieselbe wurde Sonntag Morgen an das Kgl. Polizeipräsidium und zwar an die Abtheilung für politische Polizei eingeliefert. [...] In Gegenwart mehrerer Beamten ließ Herr Polizeirath von Maudrode die Kiste unter Beobachtung aller Vorsichtsmaßnahmen öffnen. Der Fund war ein äußerst überraschender. Man hatte es mit einer Höllenmaschine von ebenso einfacher wie sinnreicher Konstruction zu tun." (6)
Aus heutiger Sicht ist die vorgefundene Konstruktion durchaus nicht simpel. Auslöser für eine Kettenreaktion war ein an das Holz der Kiste montierter und zum Läuten um 10:30 Uhr eingestellter Wecker.

Bei der Auslösung des Weckmechanismus entspannt sich die entsprechende Feder und der Aufziehschlüssel beginnt sich zurückzudrehen. Dieser Schlüssel war durch eine Spule ersetzt, welche einen kleinen Seilzug aufwickeln sollte. Der Seilzug setzte an einem Hebel an, welcher mit dem Abzug eines Revolvers, System Lefaux, verbunden war. Der dadurch ausgelöste Schuss hätte in Brandsätze aus zwei Sorten feinkörnigem Sprengstoff fahren sollen, welche in Papprollen vor der Mündung positioniert waren. Diese Explosion sollte die eigentliche Bombe auslösen. Der Sprengsatz bestand aus vier Rotweinflaschen, welche zu ¾ mit Ligroin, einer leicht entzündlichen Flüssigkeit, gefüllt waren.

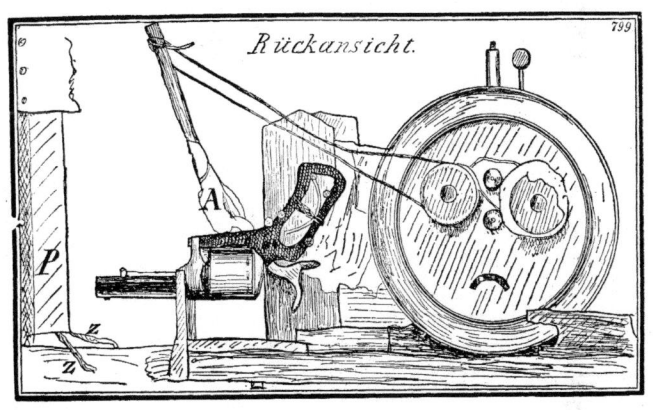

Rückansicht.

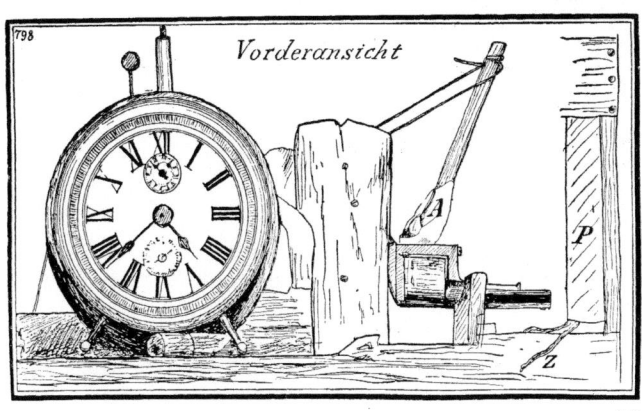

Voderansicht

Die Flaschen waren durch Zündschnüre miteinander verbunden. Die Polizei schätzte ein, dass die dadurch hervorgerufene „entsetzliche Explosion [...] jede Person, die sich im Bureau aufgehalten, vernichtet haben müßte".

Herr von Maudrode konnte in dem Anschlag keine anarchistische Tat sehen, sondern tippte sofort auf irgendeinen Polizeikandidaten, der die Probezeit nicht bestanden hatte. Der Fall wurde deshalb der Kriminalpolizei übergeben. Dort übernahm der seinerzeit bekannteste Kriminalkommissar Wolf die Recherchen.

Wolf stellte zunächst fest, dass es sich nicht um einen Täter aus Fürstenwalde handelte, wie anfangs vermutet worden war. Die Kripo fragte auf dem Fürstenwalder Bahnhof nach, und zwar bei den Bahnbeamten. „Abgesehen davon, dass der Verkehr auf dem Fürstenwalder Bahnhof täglich sehr bedeutend ist, war derselbe am vorgestrigen Tage in Folge des Besuchs von Touristen außergewöhnlich lebhaft."

Niemand hatte eine entsprechende Person beobachtet. Dennoch wurden mehrere verdächtige Fakten aufgenommen. Unter anderem sei ein in Fürstenwalde unbekannter Mann mit einer Kiste, die dieser besonders sorgfältig behandelte, nach Frankfurt, also in die Gegenrichtung, gefahren. Ein anderer Mann kam aus Berlin und trug ebenfalls eine Kiste bei sich. Eine weitere ähnliche Kiste war als gestohlen gemeldet. Hinweise lieferte auch die Untersuchung der Höllenmaschine. Zwei der Leisten, mit denen die Teile montiert waren, trugen den Aufdruck „C. P. Frankfurt a.O.".

Die Spur nach Frankfurt ließ sich nicht weiter verfolgen. Nicht einmal die Firma wurde ermittelt, welche derartige Aufdrucke benutzte. Ein Fetzen einer belgischen Zeitung in der Höllenmaschine und der in Belgien hergestellte Revolver waren weitere Spuren, welche die verfolgt wurden. Die halbherzigen Nachfragen blieben ergebnislos.

Erfolgreicher war man bei der Post in Fürstenwalde. Der Posthilfsbote Schwemmer und andere hatten eine verdächtige Person bemerkt. Es handelte sich um eine als Mann verkleidete Frau. „Die Möglichkeit, dass es sich um einen Mann mit weibischen Allüren gehandelt habe, kommt nur nebenbei in Betracht". Ein Barbier gab an, dass die Haare für einen Mann zu lang gewesen seien. Die Person trug dennoch einen dunkelgrünen Damenhut mit Borte. Bald darauf wurde eine „Frauensperson in Männerkleidern, auf welche das Signalement genau paßte" verhaftet. Der Reporter des „B. T." konnte dagegen keine Übereinstimmung mit der Beschreibung erkennen. Kleider, Hut, das „verwitterte Antlitz" und auch das Auftreten widersprachen völlig dem Steckbrief. Das war peinlich. „Das Resultat einer Gegenüberstellung hält die Polizei geheim" meldet die Zeitung am 14. Juli. (7) Sicher sollten weitere Peinlichkeiten von der Öffentlichkeit fern gehalten werden.

Zwischendurch war eine Belohnung von Tausend Mark ausgesetzt worden und es hatte Haussuchungen bei Polizeikandidaten, die nicht übernommen worden waren, gegeben. Auch Anarchisten hatte man überprüft.

Das Täterprofil stellte sich der Polizei indes widersprüchlich dar. Die Höllenmaschine sei sinnreich konstruiert und professionell montiert worden, hieß es. Dass man das Paket in Fürstenwalde aufgegeben hatte, sei dagegen dilettantisch. In der Großstadt Berlin wäre eine Paketaufgabe von irgendeiner fremden Person überhaupt nicht aufgefallen.

Zwei Tage später, am 16. Juli, teilte die Polizei unvermittelt mit, dass es nach zahlreichen Vernehmungen einen Hauptverdächtigen gab. Es handele sich nun um einen jungen Mann. Nähere Ausführungen, wie zu den anderen bisher verdächtigten Personen, wurden nicht gemacht. (8) Danach bricht die Berichterstattung in der Ortspresse ganz ab.

Dafür gibt es den mehr als 15 Jahre später erschienenen ausführlichen Gerichtsbericht. (9)

Er dokumentiert zunächst das Auftauchen eines Trittbrettfahrers aus Fürstenwalde. Folgender Brief traf bei der Polizei ein: „Wenn Sie etwas von dem

Urheber des Attentats wissen wollen, so erlaube ich mir Ihnen eine Adresse aufzugeben, nämlich die des Gutsbesitzers C. Biermann zu Karlshöhe bei Fürstenwalde. Wenn die Adresse stimmt, werde ich vorbeikommen, um mir die 1000 M Belohnung zu holen."
Biermann war mit mehreren Personen zerstritten und trug die Gefechte teilweise in der Fürstenwalder Zeitung aus.
Herr von Maudrode von der Politischen Polizei hatte gute Gründe, ein Attentat seitens entlassener Polizisten zu vermuten. Krause war äußerst unbeliebt und kein politischer Akteur. Es wurde bei Gericht sogar ein Klospruch von einer Bedürfnisanstalt im Friedrichshain zitiert:

„Nieder mit ihm!
Wir sind unser acht
Krause nimm dich in acht
Wenn nicht zu Hause
So geschieht´s in einer Pause! Acht entlassene W".

Der Nachfolger des inzwischen verstorbenen Maudrode konnte diesen Argumenten nicht folgen. Er richtete sein Augenmerk auf Anarchisten und fand alsbald den mutmaßlichen Übeltäter in dem 21-jährigen Mechaniker Koschmann. Jugendliches Aussehen, entsprechende politische Einstellung und die Beschuldigung eines entfernten Verwandten, in Königs Wusterhausen einen Wecker gekauft zu haben, genügten für eine Verhaftung. Wegen der mehr als dürftigen Argumente wurde Koschmann wieder entlassen aber bald darauf wegen der Verbreitung aufrührerischer Schriften wieder verhaftet und zu neun Monaten Gefängnis verurteilt. In dieser Zeit sammelte die Polizei emsig weitere Verdachtsmomente, die endlich auch zur Anklage wegen des Anschlages führten.
Koschmann und die drei Mitangeklagten bekannten sich vor Gericht freimütig zum Anarchismus. Ein Sprengstoffanschlag sei jedoch kein Anarchismus, sondern Terrorismus welchen sie verabscheuten.
Die Indizien, die für Koschmann als Täter sprachen,

waren immer noch sehr dürftig und voller Widersprüche. Viele Einzelheiten wirkten konstruiert. Ein Teil der Berliner Presse sowie Koschmann selbst waren der Auffassung, die Polizei selbst habe ihm einiges untergeschoben. Es konnte vor Gericht nicht bewiesen werden, dass er sich in Königs Wusterhausen einen Wecker gekauft habe. Wieso sich der Täter ausgerechnet im fernen Königs Wusterhausen und unter Zeugen einen Wecker kaufen sollte wurde nicht diskutiert. Die Begutachtung der Höllenmaschine ergab nun auch, dass es sich um keine professionelle Arbeit handelte wie man sie von einem Mechaniker wie Koschmann erwarten müsste.

Die Verteidigung plädierte auf Freispruch. Unter den vielen Argumenten für die Unschuld Koschmanns sind folgende hervorzuheben: Der Eisenbahnfahrplan erlaubte nicht, von der Berliner Gaststätte, wo sich Koschmann nachweislich aufgehalten hatte, zur Tatzeit nach Fürstenwalde und wieder zurückzugelangen. Die Belgische Zeitung in der Höllenmaschine sprach für Täter mit internationalen Beziehungen. Bei dem russischen Nihilisten Ivanoff hatte man seinerzeit eine solche Zeitung in einer Bombe gefunden. In einer weiteren Bombe die 1894 in Paris entdeckt wurde, steckten die „Frankfurter Oder Zeitung" und die „Cote Libre"! Koschmann hatte dagegen keine Beziehungen zum Ausland. Letztendlich passte nicht einmal die Personenbeschreibung des Täters auf Koschmann. Vor Gericht hatte man ihn in die nachgeschneiderte Kleidung des Täters gesteckt. So verkleidet musste er beispielsweise nach der Post fragen. Kein Zeuge erkannte in dem Angeklagten den Täter.

Die Anklage begründete jede Ungereimtheit mit Verstellung. Selbst die im Verhältnis zur Täterbeschreibung viel zu großen Füße hätte der Koschmann in zu kleinen Schuhen verbergen können! Allein wegen der Tatsache, dass die Angeklagten sich zum Anarchismus bekannten, herrschte im Saal Stimmung gegen Koschmann und für den hier als seriös geltenden Krause.

Die „aufrührerischen" linken Schriften, die man bei

Koschmann gefunden hatte machten die Sache nicht besser. Damit war die Beweisaufnahme abgeschlossen. Durch Landgerichtsdirektor Rieck wurden die Geschworenen vor ihrer Urteilsfindung formal belehrt. Er gab zu, dass die Beweislage dürftig sei, kritisierte aber gleichzeitig die Herren Verteidiger auf das Heftigste. Der Richter selbst machte Stimmung gegen Koschmann! Nach zweistündiger Beratung fällten die Geschworenen ihr Urteil: schuldig. Die angeblichen Mittäter wurden freigesprochen. Nur der mit dem Angeklagten befreundete Herr Westphal bekam ein Jahr Gefängnis. Koschmann aber wurde zu zehn Jahren und einem Monat Zuchthaus sowie zu zehn Jahren Ehrverlust verurteilt. Die von den Angeklagten eingelegte Revision wurde vom zweiten Strafsenat des Reichsgerichts verworfen.

Im Sommer 1907 verließ Koschmann das Zuchthaus. Er war an Körper und Geist gebrochen und beteuerte weiter seine Unschuld. Es darf auch als sicher gelten, dass er am Attentat nicht beteiligt war.

Schade dass die selbstgerechten Bürger aus dem Gerichtssaal es nicht mehr lesen können: Es war ein Unschuldiger verurteilt worden.

Fürstenwalde a. d. Spree. Am Bullenturm 2197

26

Die Zeitbombe

Es war im Jahr 1817. In Fürstenwalde lag, wie immer, Militär. Es handelte sich um Landwehrinfanterie, Landwehr Kavallerie und um die erste Eskadron der 3. Ulanen mit Stab. Die Landwehr ging nach Wriezen und in Fürstenwalde lagen dann zwei Eskadrons Ulanen mit ihrem Stab. Soldaten und Pferde bekamen Privatquartiere bei den Bürgern der Stadt. Das war so üblich. Nur für das Schießpulver benötigte ein Regiment dieser Zeit ein besonderes Lager. Die Stadt wies der Truppe den Wehrturm der Stadtmauer, den sogenannten Bullenturm zu. Das war auch üblich, wie zahlreiche „Pulvertürme" an anderen Stadtmauern zeigen. Einige Jahre ging das gut und die Stadt kassierte 10 Taler Miete im Jahr. Dann aber bekamen „höhere Stellen" einen Eindruck von den Verhältnissen vor Ort und verdarben dem Regiment die preiswerte Einlagerung. Der Bullenturm war nämlich das einzige hohe Gebäude Fürstenwaldes, welches noch keinen Blitzableiter besaß. Somit war eine Art Zeitbombe konstruiert worden. Vor allem stand der Turm mitten in städtischer Bebauung, neben dem Kriminalgefängnis und dem frequentiertesten Spazierweg Das Regiment musste sich 1826 einen neuen Pulverturm weitab von der Stadt bauen. Mehr als 70 Jahre später wurde an der Stelle des neuen Pulverturms die erste Kaserne gebaut. (10)

Hastige Verlobungen

„1724 im Mai, Juni und Juli gingen hier viele Colonisten durch, die aus dem Frankenlande nach Preußen zogen. Sie kamen meist zu Wasser an, und bekamen auf königlichen Befehl von den Bürgern freies Quartier; ihren Lebensunterhalt bezahlten sie jedoch selbst. Sie blieben nur eine Nacht durch hier; ihre Anzahl war im Ganzen 2842 Menschen, unter welchen sich namentlich 50 Tuchmacher befanden. Denselben starb hier ein kleines Kind, das auf dem Hospitalfriedhof begraben wurde. Ein Kind empfing hier die Taufe. Zwei junge Männer verlobten sich während der kurzen Zeit ihres hiesigen Aufenthalts mit 2 Fürstenwalderinnen, der Tochter eines Vorstädters und des hiesigen Gerichtsdieners, die zu ihren Verlobten sogleich eine solche Liebe faßten, daß sie Verwandtschaft und Heimath verließen, und mit nach Preußen zogen." (11)

Eine kurze Geschichte der Schützengilde

Lange Geschichten der Schützengilde sind längst gedruckt. Ich will versuchen, die Sache auf einen Punkt zu bringen.

Die Schützengilde wird 1427 zum ersten Mal genannt. In der Urkunde ist von einer Wiedergründung die Rede, weil die Schützengilde eingegangen war. Den Vorstehern der ersten Gilde habe die rechte Autorität gefehlt.

Den Dreißigjährigen Krieg überstand die Schützengilde nicht. Sie wurde von 1696 bis 1698 neu gegründet. Die drei Jahre brauchte man, um auf dem Dienstweg die kurfürstliche Erlaubnis zu erhalten. Mit städtischer Hilfe und unter vielen Auflagen der Stadt baute sich die Gilde 1710 ein Schützenhaus auf dem heutigen Goetheplatz. Dort befand sich auch die Schießbahn.

Bereits 1713 wurden alle öffentlichen Zuschüsse wieder gestrichen. Das war aber erst das Vorspiel, denn 1719 verkaufte die Stadt das Schützenhaus als Ausschank und die Schützengilde hörte auf zu bestehen.

1751 wurde der Versuch gemacht, wieder eine Schützengilde zu gründen. Dieser Versuch scheiterte.

Erst am 12.2.1837 gründete sich, nun bereits zum vierten Mal, eine Schützengilde. Man bekannte sich zur Neugründung und schrieb auf die Fahne „Schützengülde zu Fürstenwalde 1837". (12) Einige Jahrzehnte später machte man sich älter und bezog sich auf die erste Neugründung von 1427.

Im Jahre 1839 wird eine Schießbahn in den „Anlagen", dem Stadtpark, errichtet. Leider gefährdete die Schießbahn die Passanten eines Weges. Man verlegte sie. Dann, 1842, wurde die Eisenbahn gebaut.

Nun lag die Schießbahn unmittelbar neben der Eisenbahn. Die Bahnverwaltung sah das Leben von Passagieren und Zugpersonal permanent gefährdet. Sie beschwerte sich. Die zweite Beschwerde ist überliefert und datiert in das Jahr 1851. In zähem Ringen mit dem Verein konnte sie bis 1871 erwirken, dass eine neue Schießbahn mit Schützenhaus nördlich der Bahn und mit gehörigem Abstand zu derselben errichtet wurde.

Die Schützengilde überstand das Jahr 1945 nicht. Da Schützengilden als „Bürgerlich" galten, war an eine Neugründung zunächst nicht zu denken. Dennoch wurde schon in den 80er Jahren des 20. Jahrhunderts wieder eine Art Schützenverein als Teil der „Gesellschaft für Sport und Technik" gegründet. Die GST war die Wehrsportorganisation der DDR. Mit der politischen Wende 1989/1990 und der Auflösung der GST erhielt die Gruppe wieder Vereinsstatus. Zählt das nun als fünfte oder schon als sechste Neugründung? Der Verein ist jedenfalls entschlossen, dauerhaft am Leben zu bleiben. (13)

Die Schießübungen der hiesigen Schützengilde haben begonnen, was wir dem Publikum mit der Aufforderung bekannt machen, sich während derselben der Schußlinie fern zu halten.

Fürstenwalde, den 4. April 1865.

Die Polizei-Verwaltung.

Doppelt hält besser

Als sich um 1830 wieder einige katholische Händler und Handwerker im protestantischen Fürstenwalde angesiedelt hatten, gestatteten die evangelischen Pfarrer grundsätzlich keine katholischen Predigten im Dom. Mit Hilfe der Stadt und mit Geld aus der königlich bayrischen Schatulle sowie Zuschüssen anderer katholischer Fürsten gelang es 1847, den Bau einer kleinen Kapelle zu beginnen. Die Kapelle wurde 1848 fertig. Sie war zwar hübsch, aber sie lag etwas abseits und die Gegend war damals dunkel. Einmal beklagte sich sogar ein Reporter über die vielen menschlichen Exkremente in dem Umfeld des Bauwerkes.

Das Problem bestand längstens bis 1906. Zu diesem Zeitpunkt waren die neue große Katholische Kirche und das prächtige Pfarrhaus fertiggestellt. Mit dem Abriss der alten Kapelle entstand ein kahler, unschöner Platz. Man war sich einig in der Stadt, dort müsste etwas Schönes hin. Es könnte doch ein Brunnen sein wie er auf der Gartenbauausstellung in Berlin zu sehen war. Nicht zu protzig, mit einem Fischerjungen als Brunnenfigur. Der Braueigner Graßnick schenkte der Stadt den Brunnen und widmete ihn seiner Frau Marie, welche kurz zuvor an einer Blinddarmentzündung verstorben war. Der Schöpfer des Brunnens war Prof. v. Uechtritz. (14)

An dieser Stelle machen wir einmal einen Zeitsprung und landen im Jahr 1997 im Museum. Der Brunnen soll saniert werden. Wann ist der Graßnickbrunnen eingeweiht worden? „1907 natürlich, es gibt ein Foto auf dem die in Erz gegossene Inschrift mit Datum zu lesen ist" meinte der Museumsleiter. "Nein, das stimmt ja gar nicht", protestierte ein Mitarbeiter, „ich beweise Dir das, ich hab's schriftlich." Es gab wirklich für jedes Datum den Beweis.

Es fand tatsächlich 1907 eine Einweihungsfeier statt. Der Brunnen ist schön, meinten die Bürger. Die Gestaltung des Umfeldes fand man dagegen einfach grauenvoll! Die Einweihung wurde nicht akzeptiert. „So schloß sich denn die Hülle von neuem."

Also machte sich die Stadtobrigkeit an die Arbeit und ließ die gärtnerische Gestaltung des Umfeldes noch einmal völlig verändern. 1908 war es dann soweit: Der Brunnen wurde ein zweites Mal, nun endgültig und zur Zufriedenheit aller Anwesenden, eingeweiht.

Den Fischerjungen hatten die Bürger bald in einen Böttcherjungen umgedeutet. Die Fassproduktion war mit der florierenden Brauerei Fürstenwaldes eng verbunden. Ein Fischerjunge galt als unpassend für die Stadt.

Bis 1945 blieb alles gut in Schuss. Danach stahlen Buntmetalldiebe die Figur. Nach einer Zwischenlösung mit schmiedeeisernen Kaskaden wurde Mitte der 80er Jahre des 20. Jahrhunderts die Brunnenfigur nachempfunden. Heute ist er wieder saniert, eine Zierde der Stadt und beliebter abendlicher Treffpunkt der Jugend. (15)

Fürstenwalde — Graßnick-Brunnen

Turko, Zephyr und Zuave der kaiserlichen Armee.

Kriegsgefangen

Es war im Krieg 1870/71 gegen Frankreich. Der Magistrat diskutierte, ob sich nicht die Anlegung eines Kriegsgefangenenlagers lohnen würde. Man witterte ein Geschäft für die Stadtkasse. „[...] freilich stiegen auch bange Zweifel auf, wenn man an die Folgen dachte, falls die zügellosen Horden der Turkos und Zuaven sich über unsere Provinzen ergießen würden [...]" heißt es in einem leider aus dem Zusammenhang gerissenen Zeitungsausschnitt.

Am 9.2.1871 wurde beschlossen, ein Barackenlager für Kriegsgefangene zu errichten. Dazu kam es aber wohl doch nicht. Dennoch hatte Fürstenwalde einige Gefangene zu versorgen. Sie wurden ohne all zu große Sicherheitsvorkehrungen in dem Krausischen Tanzsaal, Mühlenstraße / Ecke Kehrwiederstraße, eine Treppe hoch, untergebracht. Die Schuljungen waren außer Rand und Band, denn es waren zwei Turkos darunter. Diese französischen Soldaten kamen aus Algerien, hatten eine schwarze Hautfarbe und eine fantastische, orientalisch anmutende Uniform. Das war eine Sensation in der damaligen Zeit. Zwischen den Gefangenen und den Kindern entspann sich bald ein Handel. Wer von den Jungen eine Zigarre ergattern konnte, brachte sie den „Franzmännern", welche dafür ihre Uniformknöpfe opferten. Mit der Zeit dürften die Gefangenen einen ziemlich abgerissenen, oder besser „entknopften" Eindruck gemacht haben.

Später wurden sie im Lazarett in der Kolonie untergebracht. Das war das Haus Linden / Ecke Magazinstraße. (16)

*Der Rathausgiebel mit Feuerglocke nach dem Um-
bzw. Rückbau des Rathauses 1907*

Feueralarm

In der Zeit unmittelbar nach dem Deutsch-Französischen Krieg 1870/71 zogen besonders viele Zigeuner durch das Land. Ich weiß nicht, ob diese damals Sinti, Roma, Lovara oder Zigeuner genannt werden wollten. Damals machte man keinen Unterschied zwischen den Gruppen und bezeichnete alle mit dem Sammelbegriff „Zigeuner".

„Es war an einem wunderbaren Spätherbsttag, als gegen Mittag eine riesige Zigeuner-Karawane durch die Stadt zog. Man zählte gegen 40 Wagen. Jenseits der Spree, auf dem flachen Gelände, machte sie Halt. Zelte wurden aufgeschlagen, Lagerfeuer loderten auf, wie aus der Erde gewachsen war das Zigeuner-Dorf. In Scharen strömten die Fürstenwalder am Nachmittage zu den Zigeunern. Hier im Lager entwickelte sich bald ein überaus buntes Treiben. Die Geigen ertönten vor den Zelten, nackende Kinder, Pferde und Hunde, alles bunt durcheinander. Wahrsagerinnen und bettelnde Kinder brandschatzten die 'Gäste' wo sie nur konnten. Der Trubel hatte seinen Höhepunkt erreicht, - es konnte 5 Uhr Nachmittag sein, als plötzlich aus der nahen Stadt die Töne der Sturmglocke herüber schallten."

Diese Glocke hing seit dem 16. Jahrhundert am Rathausgiebel und funktionierte so, wie heute noch ein Feuermelder funktioniert: Bei Gefahr konnte sie durch jedermann geläutet werden.

„Die Menge geriet in ungeheure Aufregung, alles stürmte der Stadt zu, jeder hatte Angst, es könne bei ihm oder in der Nachbarschaft brennen. Der Zufall wollte es, daß, als der Menschenstrom sich der Schleuse näherte, ein Spreekahn durchschleusen wollte, und die alte Zugbrücke schon etwas hochgezogen war. Die Leute nahmen davon keine Notiz und stürmten auf die Brücke, diese wurde durch die Last wieder niedergedrückt, und der Weg zur Stadt ward frei. Eine alte Frau und zwei Kinder fielen dabei ins Wasser und wurden mit Mühe wieder herausgefischt. Erst auf dem Marktplatz kam Ruhe in die erregten Gemüter, und warum? Weil man feststellen konnte, daß beim

Tischlermeister Papa Pix sen. in der Tuchmacherstraße der Leim übergekocht war und ängstliche Nachbarn den Feuerlärm verursacht hatten." (17)
Eine moderne, barrierefreie Brücke abseits der Schleusen bekam die Stadt übrigens erst 1913.

„Drittes Ulanenregiment, Unteroffizier im Parade-Marsch-Anzuge", 1839

Russischer Kronprinz kommandiert in Preußen

Die Ulanen hatten es sich in Fürstenwalde so gemütlich gemacht, wie es nur irgend ging. Der Soldat hatte eine Kammer bei einem Bürger und half bei der Hausarbeit. Er konnte dafür auf Zusatzverpflegung hoffen. Anfangs, um 1820, hatte man noch die Soldaten zwischen Beeskow, Müllrose und Fürstenwalde ausgetauscht, um allzu feste und Wehrkraft zersetzende Familienbindungen zu verhindern. Das war inzwischen sehr selten geworden.

„Der Regimentskommandeur ließ wöchentlich einmal das Trompetercorps vor seiner Wohnung eine Stunde blasen und an jedem Sonntag zog Wache mit Musik auf dem Marktplatz auf, nachher beim Empfang der Parole gab es dann jedes Mal wieder Concert und war Sonntags daher stets auf dem Markt ein reges Treiben". (18)

Ansonsten beschränkte sich der Dienst auf das Allernotwendigste und die von den fernen Generalstäben kontrollierbaren Aktivitäten. Die Termine waren verlässlich. Man trainierte für die Paraden und das jährliche Herbstmanöver. Umso größer war der Schrecken als Oberst von Kracht am 7.6.1829 völlig unerwartet und per Eilboten eine „allerhöchste Kabinettsorder" erhielt. Er solle sich mit seinem Regiment so in Marsch setzen, dass er am 10.6.1829 in Friedrichsfelde bei Berlin eintreffen würde. Gleichzeitig erhielt der zuständige General, General von Witzleben, die Nachricht, dass sich das Regiment auf eine große Parade einzurichten habe und dass „Se. Majestät erwarten, das Regiment so stark als möglich in einem guten propren Zustande zu finden [...]". (19)

Eine Parade in drei Tagen, außer der Reihe und ohne Vorbereitung! In diesem Jahr hatte man nur eskadronsweise exerziert. Ein Zusammenwirken des ganzen Regimentes war gar nicht geübt worden! Über 130 völlig unerfahrene junge Rekruten hatte das Regiment gerade.

Die russische Remonte, also die Pferdeauswahl von 1827, war in der Dressur zurück. Die Pferde hatte man überdies schlecht untergebracht und diese Remonte enthielt besonders viele Tiere, die krank waren. Viele Pferde waren außerdem wegen „Bosheit [...] noch weiter in der Dressur zurück".

Die Litauer Remonte von 1828 war geschont worden, um sie bei den Divisionsübungen im Herbst in bester Verfassung zu haben. Ihre Dressur hatte gerade erst angefangen.

Viele Ulanen litten an einer Krankheit, welche mit hohem Fieber verbunden war. Über die Pfingsttage hatte man eine größere Anzahl Unteroffiziere, Trompeter und Ulanen beurlaubt. Weil die Exerzierzeit zu Ende war, waren außerdem viele Offiziere in Urlaub. Das Remontekommando aus zwei Offizieren und 29 Pferden war gerade nach Ostpreußen abmarschiert.

Es gab also die denkbar schlechtesten Voraussetzungen, um vollständig und proper vor dem König zu erscheinen. Die wenigen anwesenden Offiziere mussten das Unmögliche möglich machen.

Zunächst einmal wurde das Regiment in Fürstenwalde zusammengezogen. Am 8.6.1829 bezogen die 1. und 2. Eskadron ihre Marschquartiere und am 9.6.1829, zwischen 14 und 15 Uhr, folgte der Beeskower Teil des Regimentes. Es wurden so viel Urlauber wie irgend möglich zurückgeholt. Dann musterte man die Fieberkranken. Leichte Fälle und Genesende bekamen auch einen Marschbefehl!

Inzwischen standen die Quartiermacher in Friedrichsfelde und vor einer unlösbaren Aufgabe. Wie sollte dort ein ganzes Regiment untergebracht werden? Einen Teil der Soldaten hätte man soweit außerhalb einquartieren müssen, dass sie die Trompetensignale zum Antreten nicht mehr hören würden!

Am 10.6.1829 um vier Uhr früh marschierte das Regiment aus Fürstenwalde ab.

Unterwegs, bei Woltersdorf, fand der Oberst eine Fläche, die geeignet war, um wenigstens einmal mit dem gesamten Regiment zu üben. Die Übung beschränkte sich allerdings auf einen einfachen Vorbeimarsch in Zügen. Gegen 15 Uhr kamen die Ulanen in Friedrichsfelde an. Der Stab und die 1.

40

Eskadron blieben dort, während die 2. und 3. in Lichtenberg und die 4. in Biesdorf einquartiert wurden. Diese Berliner Stadtteile waren damals Dörfer am Rande von Berlin.

Abends wurde der General von Witzleben benachrichtigt, dass der Oberst zum weiteren Befehlsempfang nach Berlin kommen müsse. Dort wurde dem Oberst in einer „privaten Mitteilung" endlich der Grund für die plötzlichen und geheimnisvollen Befehle mitgeteilt: Am 12. Juni 1829 sollte das Regiment im Tiergarten einige „Evolutionen" ausführen und den „Großfürsten Thronfolger Russlands" zum Chef erhalten. Die Position des Chefs lässt sich vielleicht mit „Ehrenoberst" beschreiben. Alle Maßnahmen waren auch weiterhin geheim zu halten.

Ein Tag, der 11.6.1829, verblieb zum Exerzieren. Der dafür angewiesene Exerzierplatz von Friedrichsfelde war aber viel zu klein und zu schlecht, um mit einem ganzen Reiterregiment zu üben. Man musste sich wieder auf einige unbedeutende Übungen und eine Paradeaufstellung beschränken. Nach dem Exerzieren erhielt der General weitere Befehle. Das große Ereignis sollte für die Bevölkerung völlig überraschend kommen. Deshalb marschierte das Regiment außerhalb der Ringmauern zum Tiergarten und stellte sich dort um 10:30 Uhr „en Parade" auf.

Pünktlich erschienen der preußische König, der russische Zar und dessen Thronfolger in Kutschen. Sie setzten sich nach der Ankunft sofort in den Sattel. Der Oberst ritt den Monarchen entgegen, ließ salutieren und machte seine Meldungen. Nach einer kurzen Ansprache des Königs kehrte der Oberst zum Regiment zurück, worauf der neue Chef heranritt und mit einem dreifachen militärischen „Hurra" empfangen wurde. Die Front wurde abgeritten, gefolgt von den Kutschen der Zarin, der Königin und deren weiblicher Verwandtschaft. Dann übernahm der Chef, der russische Thronfolger, selbst das Regiment und kommandierte ein Abschwenken mit Zügen zum Vorbeimarsch an dem Kaiser und dem König. Oh weh! Da klappte so einiges nicht! Gerade jetzt wurde die missliche

Situation des Regiments den hohen Herrschaften offenbar! Der König von Preußen ließ die 11. Rotten mit den schlechten Pferden zurückstellen. Man exerzierte nur mit 10 Rotten je Zug. Der König äußerte, dass es nicht die Absicht sei, ein Regiment exerzieren zu sehen. Es sollten nur einige Übungen anlässlich der Übergabe an den Chef ausgeführt werden. Nach einer halben Stunde waren die Übungen beendet und die 11. Rotten wieder eingestellt. Das weitere Zeremoniell verlief ohne Pannen. Der russische Chef kommandierte einen Vorbeimarsch im Trab, dann marschierte das Regiment „unter den Linden" zum königlichen Schloss. Die erste Eskadron brachte die Standarte auf die Gemächer des Thronfolgers und stellte eine Wache aus einem Unteroffizier und sechs Mann für die Zimmer des Zaren und seines Thronfolgers.

Später gab es noch viele Kontakte zum Zarenhof. Die Pannen hatten dem Ruf des Regimentes nicht geschadet. Es war sogar das einzige Linienregiment, das die Parade der weit besser angesehenen Garderegimenter mitmachen durfte.

Die ganzen Peinlichkeiten stehen in der Regimentschronik, die der Oberpfarrer Dr. G. Goltz 1841 verfasste. Goltz wurde dafür hochgeehrt. Er bekam einen silbernen Pokal vom Regiment und einen Brillantring mit Goldtopas im Wert von 400 Talern vom russischen Thronfolger. (20)

Eigentlich könnte hier die Geschichte zu Ende sein. Das Regiment hat aber für eine Fortsetzung gesorgt, denn 1866 erschien wieder eine Regimentsgeschichte. Die Leistungen von Dr. Goltz werden zunächst in den höchsten Tönen gelobt. Allerdings könne Dr. Goltz als Pfarrer nicht in alle militärischen Dinge eine wirkliche Einsicht haben. Deshalb sei unter anderem auch diese neue Regimentschronik notwendig. Die Übergabe an den Chef verlief der neuen Darstellung zufolge völlig reibungslos. Von den königlichen Worten werden nur die lobenden genannt. Nun wissen wir was von dieser Chronik zu halten ist: Der Autor, H. v. Guretzky-Cornitz, hat die Geschichte des Regiments zurechtgeschminkt. (21)

Namenszug der 3. Ulanen, Kaiser von Rußland,
verliehen durch A.K.O vom 15.5.1856
Seit dem 27.1.1889 hieß das Regiment
"Ulanenregiment Kaiser Alexander II. von Rußland
(1. Brandenburgisches) Nr. 3".

Friedrich Schiller's

Lebensgeschichte.

Bei

der Säcular-Feier seines Geburtstages

übersichtlich zusammengestellt

von

J. Schauer.

Fürstenwalde, 1859.

Druck von L. Schubert.

Ausgetrixt

Friedrich Schiller ist einer der bekanntesten Dichter Deutschlands. Das war auch schon im 19. Jahrhundert so und das war allgemein anerkannt. Seitens der Obrigkeit war aber auch anerkannt, dass Schiller ein durch und durch unmoralischer Mensch war. Liebesaffären waren dabei gar nicht entscheidend.

Schiller wurde in seiner Jugend an einer Militärakademie in Stuttgart zum Mediziner ausgebildet. Er schrieb zunächst nur nebenbei. Sein gnädiger Fürst, der Herzog Carl Eugen v. Württemberg, wollte ihn 1782 nicht zur Aufführung seines Werkes „Die Räuber" nach Mannheim lassen. Schiller fuhr deshalb heimlich in das „kurpfälzische Ausland". Das war ein schweres Verbrechen und wurde mit 14 Tagen Arrest bestraft. Außerdem fallen in dem Stück so aufwieglerische Worte wie „Fürstenwillkür" oder „Tyrannei". Der zornige Fürst verbot dem jungen Dichter fortan jegliche literarische Tätigkeit. Wie wir alle wissen, hielt er sich wieder nicht daran. Da widersetzte sich jemand also andauernd seinem weisen Fürsten und wurde auch noch berühmt! Schillers Leben konnte ja geradezu als Anstiftung zur Widersetzlichkeit gelten. So etwas musste geheim bleiben, wenigstens für den einfachen Bürger. Eine Biographie von Friedrich Schiller konnte seitens der Zensur also nicht gedruckt werden, jedenfalls keine Volksausgabe. Schubert, der Herausgeber des Fürstenwalder Wochenblattes und Buchhändler, tat es dennoch. Er musste es nicht einmal der Zensurbehörde vorlegen, denn auf dem Titel stand klein aber deutlich „Nicht für den Buchhandel bestimmt". Für sich selbst kann man ja drucken was man will! Der Buchhändler Schubert hatte vermutlich gute Beziehungen zu den Schulen der Stadt. Das Heftchen hatte J. Schauer, welcher wohl mit dem späteren Gymnasiallehrer identisch ist, verfasst! Es ist also zu befürchten, dass die gesamte Jugend Fürstenwaldes durch Schuberts beziehungsweise Schauers Heftchen „verdorben" wurde. Vermutlich wurde die Schrift, trotz Aufdruck, auch anderswo illegal vertrieben. (22)

Eine Wallfahrt

Kaufleute haben an Rechnungen Freude, besonders wenn sie diese selbst stellen. Steuerprüfer und ähnliche Berufsgruppen haben vielleicht auch Spaß daran, weil sie obskuren Dingen auf die Schliche kommen können. Für alle anderen Zeitgenossen sind alte Rechnungen nur ein unanschaulicher Graus.

Manchmal erzählen diese aber auch dem Durchschnittsbürger eine kleine interessante Geschichte.

Eine solche Geschichte steht in der Fürstenwaldischen Kirchengeldrechnung von 1624 unter „10. Einnahmegeld in Gemein" also bei den sonstigen Einnahmen. (23) George Möglin hatte der Kirche 1 Taler und 15 Silbergroschen zu bezahlen. Seine Schweine waren „täglichen auf dem Kirchhoff Wallfahrten gegangen" und hatten „die Tottengreber ziemblich gestöret". Die Totengräber fingen die lästigen Schweine ein und sperrten sie weg. „Die Möglin", also wohl seine Tochter, vielleicht auch seine Frau, ließ die Schweine ohne Erlaubnis wieder frei. Für diese Frechheit strafte sie der Rat mit einer Geldbuße. Von einer Störung der Totengräber hören wir seit dem nichts mehr. Allerlei Haustiere tummelten sich weiterhin in der Stadt, also auch am Dom auf dem Friedhof. Man hatte zwar im 18. Jahrhundert immer noch ein ganz anderes Verhältnis zur letzten Ruhestätte, das allzu lebhafte Treiben der Tiere rund um den Dom sollte aber doch eingeschränkt werden.

Türen an den beiden Zugängen in der Friedhofsmauer kamen nicht in Frage. Abgesehen von den Kosten hätten die Besucher des Kirchhofes die Torflügel sowieso aufstehen lassen. Die Lage wäre damit nicht gebessert worden.

Im Zuge der Reparatur der Kirchhofsmauer 1774 wurden deshalb an den Eingängen Hindernisse für Tiere angelegt. Über zwei Fuß tiefen Gruben lag ein weitmaschiger Gitterrost. Der stellte für breite Menschenfüße kein Problem dar, wohl aber für die Hunde, Schweine, Ziegen und andere Tiere. (24)

Weihnachtsbäume

In der Vorweihnachtszeit erschienen am Ende des 19. Jahrhunderts Warnungen in der Presse. (25) Weil die Wälder regelmäßig durch Tannendiebstähle geplündert würden, seien Quittungen oder andere Nachweise für den rechtmäßigen Erwerb gut aufzubewahren und auf Anforderung vorzuzeigen.

Weihnachtsbaumdiebstahl war also, trotz hoher Strafen, nichts Ungewöhnliches.

Am 15.12.1897 meldet die Fürstenwalder Zeitung jedoch zwei besonders drastische Fälle. „Eine bodenlose Frechheit besaßen in einer der vergangenen mondhellen Nächte Spitzbuben aus der Colonie Fürstenwalde, welche im Revier Beerenbusch aus einer Schonung über 200 Weihnachtsbäume absägten, und in dem Augenblick, als sie im Begriff waren sie fortzuschaffen, von Förster Rosenberg abgefasst wurden. Einen gemeinen Sinn legte auch der Spitzbube an den Tag, der in einer der letzten Nächte eine prächtige Edeltanne auf dem Kaiserplatz entwendete [...]." (26)

Virtuosen unter sich

Stabstrompeter Reinhold Sachs war der berühmteste Kapellmeister der 3. Ulanen. Als hervorragender Musiker bekam er den Titel königlicher Musikdirektor und zahlreiche andere Auszeichnungen.

Den Bürgern war Reinhold Sachs durch wöchentliche Platzkonzerte, Tanzbälle, Wohltätigkeitsveranstaltungen und so weiter bestens bekannt. Auch als Komponist genoss er einen sehr guten Ruf. Seinen „Kaiser-Alexander-Ulanen-Marsch" durfte er selbst beim Zaren spielen. Dieser war der Chef des Regiments, also eine Art Ehrenoberst. (27)

Während Sachs hochgeehrt wurde, betrachtete man andere begnadete Musiker, die Zigeuner, mit Misstrauen. Die Polizei war stets bestrebt, die „braunen Gesellen" schnell wieder loszuwerden.

Eine größere gesellschaftliche Kluft als zwischen der Regimentsmusik und Zigeunern lässt sich gar nicht denken. Die Praxis unter den wirklich guten Musikern war eine andere, wie die folgende kleine Geschichte zeigt. Natürlich wird R. Sachs nicht beim Namen genannt, sondern hinter dem Kürzel „S." versteckt.

An Stelle des heutigen Kaiserhof befand sich „anno 1880 der 'Schustersche Gasthof', ein Asyl für Zigeuner im Winter. Musikliebhaber haben manchmal Gelegenheit gehabt, die große technische Fertigkeit dieser Nomaden im Geigen- und Harfenspiel kennen zu lernen. Es gab Künstler unter ihnen, die sich ohne weiteres auf die Begleitung beliebiger Phantasiestücke einließen unter Bewunderung der Zuhörer. Der Verfasser hat Gelegenheit gehabt, zu beobachten, wie zwei dieser braunen Gesellen der Aufforderung unseres Musik-Altmeisters 'S.' zwei seiner besten Violinisten zu begleiten', ohne Bedenken nachkamen, Geige und Harfe stimmten und uns das schönste Quartett hervorzauberten. (So geschehen in 'Klaunigs Bierstuben' bei dem damaligen Restaurator Benno Finke)." (28)

Die Türken kommen!

„Eine interessante Merkwürdigkeit ereignete sich hier-selbst [...] durch die Durchreise einiger türkischen Gesandten durch Fürstenwalde. 1791 am 11. Februar kam nämlich der türkische Gesandte am Preußischen Hofe Asmi Achmet Effendi von Frankfurt a.d.O., wo er früh um 7 Uhr abgereiset war, hier in Fürstenwalde Mittags um 12 Uhr an. Er speisete nebst den ihn umge-benden Personen bei dem Oberst von Berg, unterhielt sich auch daselbst bis zum Abend, war außerordentlich vergnügt über die gute Aufnahme, erinnerte sich auch Frankfurts mit vieler Freundlichkeit, und versicherte, daß im Preußischen Staate überall seine Erwartungen weit übertroffen worden wären. Ein Corps Musikanten empfing den Gesandten mit Blasinstrumenten, und er freute sich besonders über die von demselben vorgetra-gene türkische Musik. Es machte ihm auch großes Vergnügen, sich von den herbeigeeilten neugierigen Zuschauern besehen zu lassen, und er setzte sich eine graue Zeit hindurch ihrem Blicke aus.

Einige Stunden vor dem Gesandten kam der Oberst-wachtmeister von Röder hier an, um die erforderlichen Einrichtungen zu veranstalten, und die getroffenen Maßregeln zu prüfen, ob sie auch dem türkischen Geschmacke gemäß sein möchten. Der geheime Legationsrath von Dietz, welcher den Gesandten bis Crossen entgegengereiset war, kam mit demselben zugleich hier an, so wie die aus 12 Personen von erstem Range bestehende Genossenschaft des Gesandten, die von einer preußischen Ehrenwache aus der Müllroser Garnison (1 Offizier, 2 Unteroffiziere und 8 Husaren) bedeckt wurde. – Der Gesandte logierte im Amtshause, wo der Amtsrath Hamann 6 Stuben für denselben nebst den nötigen Betten einräumte. Da nach den Grundsätzen der muhamedanischen Religion kein Türke in der Küche eines Christen kochen läßt, so führ-te der Gesandte einen türkischen Koch bei sich, und es war daher schon einige Tage vor seiner Ankunft eine besondere Küche für ihn gebaut worden. Sie wurde außerhalb des Frankfurter Thores nahe an der Brücke im Stadtgraben von Brettern zusammengeschlagen, und zur Verhütung etwaigen Feuerschadens wurden einige Feuerspritzen in Bereitschaft gehalten. Auch mußte ganz neues ungebrauchtes Geschirr für den Gesandten angeschafft werden, wozu die Frau Amtsräthin ihren Vorrath hergab. Am nächsten Tag reiste die Gesandschaft in der für diesen Fall vorgeschriebenen Ordnung von hier nach Cöpenik ab. Die Aufnahme desselben hatte am hiesigen Orte laut der in den betreffenden Magistratsacten specificirten Rechnung 139 Thlr. 14 Gr. 1 Pf. gekostet, welche der Magistrate aus der Churmärkischen Domainencasse vergütet wurden. [...]

Im Jahre 1797 hatte unsere Stadt ein gleiches Schauspiel, in dem der für den Preußischen Hof bestimmte neue Gesandte Ali Aziz Effendi mit einer Suite von 10 Personen und 4 für unseren König bestimmten türkischen Hengsten im Juni Fürstenwalde reisete, bei welcher Gelegenheit dieselben Anstalten und Maßregeln getroffen wurden." (29)

Ein Bürgermeister geht

Den ersten Nazi-Bürgermeister hielt es nur ein Jahr im Amt. Gründe für das plötzliche Ausscheiden sind nicht überliefert. Sein Nachfolger Gottsleben, stellte allerdings bei seinem Antritt fest, dass in Fürstenwalde der Nationalsozialismus noch nicht so recht Fuß gefasst hatte.

Über den ersten Bürgermeister nach 1945, der nicht einmal Jahr lang im Amt war, wissen wir besser Bescheid. Anfangs wurden Vater und Sohn Zernicke durch den sowjetischen Offizier zu gemeinsamen Bürgermeistern berufen. Das ist eine uralte Sitte, Führungsposten zu besetzen, die sich bei vielen Naturvölkern fand und findet.

Nach dem 8. Mai wurde der ältere Zernicke alleiniger Bürgermeister von Fürstenwalde.

Schon im September oder Oktober versuchte er jedoch das Amt wieder loszuwerden. Über die Gründe berichtete er in zwei sehr kritischen Protokollen. Diese Protokolle waren sicher nicht ungefährlich für Zernicke. Viele Fakten darin werden von zahlreichen, ähnlich gelagerten Fällen bestätigt.

Um die Verhältnisse zu verstehen, muss man wissen, dass der Stadtkommandant Oberst Kitschegin nicht der Schlechteste war. Er ordnete zum Beispiel die Wiedereinrichtung einer Bibliothek an, während im nahen Demnitz von dem dort zuständigen Offizier die Vernichtung wertvoller Bücher befohlen wurde.

Er verstand nur wenig Deutsch. Deshalb ließ Oberst Kitschegin den Leutnant Ruban, der auch als Dolmetscher fungierte, gewähren. Damit hatte Ltn. Ruban Macht über die meisten Vorgänge in der Stadt. Die Zustände waren ohnehin chaotisch.

Zernicke schrieb:

„Zusatzprotokoll, 12.5.1945 [...] Die bis heute eingesetzten Herren [in der Verwaltung] erfüllen nur zum Teil ihren Zweck [...] daß die jetzigen Kräfte nicht ausreichen und, soweit vorhanden, wie schon oben erwähnt, nicht restlos befähigt sind." Die Verwaltung benötige für die Ausführung angewiesener Arbeiten

Vollmachten zum Betreten der Gelände, auf denen gearbeitet werden solle und Ausweise für die Arbeitskräfte. Notwendig seien auch solche Befehle von den einzelnen Kommandostellen, die sich nicht widersprechen. (30)

„Fürstenwalde, 22. Oktober 1945, Bericht [...] Während meiner Tätigkeit als Bürgermeister habe ich mit Ltn. R. mehrere Auftritte gehabt. Ich habe ihn darauf aufmerksam gemacht, dass er sich Verschiedenes mit den Damen der Verwaltung erlaubt habe, welches sittlich nicht ganz einwandfrei ist. Ltn. R. hat sich des öfteren in Zivilamtshandlungen eingemischt, wo er nach meinem dafürhalten nicht berechtigt war. Ich erinnere mich z.B.: Eine Frau wurde wegen Mordes von der Polizei zum Verhör genommen, wo er einfach dieses Protokoll zerriss und die Frau nach Hause schickte. So des öfteren wenn von Seiten des Bürgermeisters Schriftstücke angefertigt wurden, die er einfach zerriss und einem vor die Füße warf. Ich habe Ltn. R. manchmal darauf aufmerksam gemacht, dass so etwas nicht ganz anständig wäre. Er wurde oftmals als grosser Pflegel von den Leuten benannt."

„Mir wurde so manche Unterschrift verweigert. Das führe ich darauf zurück, dass Ltn. Ruban, welcher als Dolmetscher immer fungierte, den Stadtkommandanten nicht alles so berichtete, wie ich ihm angegeben habe. Ltn. Ruban stellte auch einen Herrn Gxxx [in der Vorlage geschwärzt, F.W.] bei der Stadtverwaltung ein, welcher nach seinem Dafürhalten mich als Bürgermeister unterstützen sollte. Dieser junge Mann war allerdings sehr für sich eingenommen, und da er mit Lt. Ruban dauernd zusammen war, denn beide hatten sich eine Wohnung oben im Stadthaus III eingerichtet. So nehme ich an, dass er mit Ltn. R. mich nicht unterstützte, sondern gegen mich gearbeitet hat." (31)

Außerdem wurde Zernicke von seinen Parteigenossen für die schlechte Versorgungslage verantwortlich gemacht. Er war objektiv sicher nicht in der Lage daran etwas Wesentliches zu ändern.

Ein erstes Rücktrittsgesuch wurde nach einer Aussprache mit Kitschegin von Zernicke zurückgezogen.

In diesem Zusammenhang heißt es weiter: „Darauf wurde ich vom Stadtkommandant beauftragt meinen Posten auszufüllen, welchen ich ungefähr noch 3–4 Wochen ausführte. Den anderen Tag nachdem Oberst Kitschegin in Urlaub war, wurde ich durch Ltn. Ruban zum Kapitän Schekurow gerufen, welcher mir erklärte, Ihr Rücktrittsgesuch ist von der höheren russischen Behörde genehmigt, und darauf ist mein bisheriger Sekretär zum Bürgermeister von Kapitän Schekurow ernannt worden."

Es ist ein schwacher Trost für alle, die unter Ltn. Ruban gelitten hatten, dass diesen auch eine Strafe ereilt haben soll. Dem Vernehmen nach wurde Ruban wegen Schiebereien mit Möbeln aus Fürstenwalder Häusern nach Sibirien in die Verbannung geschickt. (32)

Verhinderte Brandschatzung

Am 25.10.1806 kamen erste französische Soldaten, Chasseurs, nach Fürstenwalde und wurden hier einquartiert. Am 24. November musste der Justizbürgermeister Treuer nach Frankfurt fahren und den Eid auf Napoleon ablegen. Gleichzeitig bekam die Stadt ein französisches Stadtsiegel, ohne das Wappen Fürstenwaldes. Es zeigte den französischen Adler und die Umschrift „Le Comandant de la Place" (oben) „Fürstenwalde" (unten). Das war erniedrigend und empörend.

Weitere französische Einheiten wurden in Fürstenwalde einquartiert, darunter auch Dragoner. Für ein französisches Pferd sei das Beste gerade gut genug, meinten diese und waren mit dem Futter, welches die Stadt liefern musste, unzufrieden.

Sie begannen die Scheunen der Bürger aufzubrechen, um sich besseres Futter anzueignen. Diese Tyrannei ließen sich die Fürstenwalder nicht gefallen. Es kam zu einem ernstlichen Handgemenge, bei dem es einige Verletzte gab. Unter diesen war auch der Bedienstete eines französischen Generals. Er erlag seinen Verletzungen am Folgetag im Hospital. Der General schäumte vor Wut und wollte die Stadt an allen vier Ecken anzünden lassen. Dem Magistrat wurde bald klar, dass das keine leere Drohung war.

Deshalb wurde Justizbürgermeister Treuer zum General geschickt. Treuer war nicht nur als Justizbürgermeister für die Strafverfolgung zuständig, sondern er sprach auch fließend und gut Französisch. Fließendes Französisch ist einem Franzosen gegenüber immer von Vorteil. Das beeindruckte auch den General so sehr, dass er dem Vorschlag Treuers folgte. Der Schuldige sollte ermittelt und hart bestraft werden. Die Ermittlungen liefen jedoch nur schleppend an. Sie wurden genauso schleppend weiterverfolgt. Als der französische General in der Schlacht bei Eylau fiel, konnte der ganze Vorgang ohne weitere Gefahr völlig in Vergessenheit geraten. (33)

Urkunde gesucht

Es war die Zeit der Reformation. Die Protestanten hatten schon eigene Prediger und ein Kirchlein vor den Toren der Stadt– die Heiliggeistkirche zum gleichnamigen Hospital. Das katholische Bistum beanspruchte den Dom ganz für sich.

Lange schon hatten die Kurfürsten Brandenburgs versucht, das Bistum Lebus „abzuwickeln". Das hatte keine religiösen Gründe, es ging nur darum, den Kirchenbesitz zu Landesbesitz zu machen. So ein Vorgang nennt sich Säkularisation. Bereits im Jahr 1543 wurde ein Vertrag zwischen Joachim II. und dem Markgrafen Johann zu Köpenick geschlossen, der die Aufteilung der Kirchengüter für diesen Fall regelte. Es war aber noch lange nicht soweit. Wir schreiben das Jahr 1557 und erst 1589 sollte das Kurfürstentum mit seinen Bestrebungen Erfolg haben.

Dennoch war die Lage gespannt. Aufgrund eines verzwickten Rechtsgeschäftes benötigte der Kurfürst Joachim II. die Urkunde über den 1518 erfolgten Erwerb der Herrschaft Beeskow-Storkow durch das Bistum Lebus. Die Domherren, sozusagen die Parlamentarier des Bistums, witterten Unrat. Vor allem Rehdorfer und Finsterwald sahen darin den Beginn einer Säkularisation. Sie gaben die Urkunde nicht her. Den Kurfürsten nannten sie sogar öffentlich „Schismatikus", also Ketzer. Dafür taten sie Abbitte und gelobten Besserung. Das Domkapitel verweigerte jedoch weiterhin die Herausgabe der Urkunde.

Dieses sehr begreifliche Missverständnis seitens der Domherren beschwor nun einen Tumult herauf. Der Kurfürst, sein Sohn, der Administrator Johann-Georg und der Markgraf Johann erschienen persönlich in Fürstenwalde. Die vier in Fürstenwalde wohnenden Domherren verweigerten auch den drei anwesenden Markgrafen und dem Kurfürsten die Herausgabe der Urkunde. Der Kurfürst befahl dem evangelischen Bürgermeister Martin Schönfeld mit 20 Bürgern den Rehdorfer und den Finsterwald zu verhaften. Rehdorfer wurde bald gefangen genommen.

Finsterwald blieb auch nach Mitternacht noch verschwunden. Die Urkunde hatte man auch noch nicht. Jetzt reichte es dem Kurfürsten. Er ließ die Sturmglocke am Rathausgiebel läuten. Finsterwald wurde in der ganzen Stadt gesucht. Man fand ihn schließlich auf einem Boden unter Häcksel und Stroh. Mit großem Getöse wurde er in seine Wohnung gebracht und auf der Stelle bestraft. Die Bürger bekamen den kurfürstlichen Auftrag, seine Lebensmittelvorräte zu vertilgen. Dabei entstand ein so großer Schaden, dass der Kurfürst später selbst die Kosten für die Randale übernahm. Die beiden Häftlinge ließ man tags darauf frei, wohl weil sie die Urkunde herausgegeben hatten. Der Kurfürst ordnete nun eine Predigt im Dom an, welche der evangelischen Prediger Bolle halten musste. Das Thema schrieb er auch vor: „Machet die Tore weit auf und die Türen in der Welt hoch, dass der König der Ehre einziehe." Ab sofort sollte der Dom auch den Evangelischen offen stehen. (34)

Nachtrag

zu dem Statut der Sparkasse zu Fürstenwalde

vom $\frac{26.\ \text{Juni}}{7.\ \text{Decbr.}}$ 1847.

In Folge des mittelst Allerh. Cabinets-Ordre vom 4. October 1852 bestätigten Statuts der Hülfskasse des communalständischen Verbandes der Kurmark wird zu den Statuten der Sparkasse zu Fürstenwalde vom $\frac{26.\ \text{Juni}}{7.\ \text{Decbr.}}$ 1847 Folgendes zusätzlich bestimmt:

§. 1.

Nach dem Statut der Hülfskasse soll von dem jährlichen Zinsgewinn derselben die Hälfte zur Prämiirung von Sparkassen-Interessenten des Verbandes verwendet werden. Zur Prämiirung berechtigt sind nur folgende, in dem communalständischen Bezirk wohnende Interessenten, insofern sie sich bei der Sparkasse zu Fürstenwalde betheiligt haben:

    a. Handwerker ohne Gesellen und nicht selbstständige Handwerksarbeiter;

    b. Fabrik- und Bergwerks-Arbeiter;

    c. Tagelöhner;

    d. Dienstboten;

    e. Personen, welche zwar wegen Altersschwäche, Krankheit, Arbeitsmangel oder Dienstlosigkeit für eine kürzere oder längere Zeit nicht zu den vorbezeichneten gehören, gleichwohl ihren an und für sich zu einer der Kategorien **a bis d** gehörigen Stand nicht verändert haben.

§. 2.

Keinen Anspruch auf Prämiirung haben Personen, die zwar zu den im vorigen § benannten Kategorien gehören, welche aber

a. notorisch wohlhabend sind, wobei jedoch ein kleiner Grundbesitz allein keinen Grund zur Ausschließung abgeben soll. Darüber ob Jemand notorisch wohlhabend ist, entscheidet das Curatorium der Sparkasse, und im Falle der Beschwerde dagegen endgültig der Magistrat;

b. welche wegen Wuchers und Betruges in Untersuchung sich befunden haben, und zwar innerhalb Fünf Jahre vom Tage des Ablaufs der vollstreckten Strafe. Im Falle der Wiederholung des Verbrechens sind diese Personen für immer von der Wohlthat der Prämiirung ausgeschlossen;

c. deren neue Einlagen für das letzte Sparjahr bei der Sparkasse die Summe von 10 Thlr. übersteigen;

d. deren neue Einlagen für das letzte Sparjahr die Summe von 1 Thlr. nicht erreichen;

e. deren gesammtes Guthaben bei der Sparkasse am Ende des letzten Sparjahrs nicht mindestens 5 Thlr. beträgt.

§. 3.

Das Curatorium der Sparkasse fertigt alljährlich im Januar eine Nachweisung über den Gesammtbetrag des Guthabens, welches zur Prämiirung nach den Grundsätzen der §§ 1. und 2. berechtigte Sparer am Schlusse des abgewichenen Jahres bei ihr gehabt haben und überreicht solche im Laufe des Monats Februar der Direction der Hülfskasse.

§. 4.

Die hierauf von letzterer überwiesenen Prämiengelder werden auf die betreffenden Sparkassen-Interessenten nach Maßgabe der

Sparkassengründung

Schon im Jahre 1846 gab der Magistrat bekannt, dass „eine Sparkasse errichtet worden ist, deren Eröffnung jetzt stattfinden soll." Etwas später inserierte die Sparkasse im Fürstenwalder Wochenblatt. Auch im folgenden Jahr finden sich in der Presse Inserate. Dann kommt das Erstaunliche: 1848, zwei Jahre nach den ersten Bankgeschäften, wurde sie auch gegründet! Wahrscheinlich hatte man sie zwei Jahre lang ohne die erforderlichen Genehmigungen der Obrigkeit betrieben. (35)

Die Sparkasse befand sich zunächst in der Wohnung des Rendanten und hatte „Mittwoch und Sonnabend von 8 bis 12 Uhr Vormittags geöffnet." Etwas später zog sie in das alte Rathaus und konnte auch die Öffnungszeiten erweitern. Die Sparkasse war eine städtische Einrichtung, jedoch völlig von der Stadtkasse getrennt. Es handelte sich um eine soziale Einrichtung, bei der sich auch kleine Beträge verzinsten. Dass es sich nicht um eine „Geldmaschine" der Stadt handelte geht aus § 2 Abs. a des Nachtrages zum Statut vom 26.6./7.12 1847 hervor. Dieser Paragraph regelte die Ausschüttung der Gewinne. Einige Personen waren von dieser Gewinnausschüttung ausgeschlossen, zum Beispiel verurteilte Wucherer und Betrüger. Zu denken gibt, dass auch „notorisch wohlhabende" Personen von der Gewinnausschüttung ausgeschlossen waren, wobei „jedoch ein kleiner Grundbesitz allein keinen Grund zur Ausschließung abgeben" sollte. (36)

Obiit. A⁰ 1549
Regiminis. 27

GEORGIVS A BLVMENTAHL. I.V.D. EPISCOPVS
LEBVSIENSIS RAZZEBVRGENSIS ET HAVEL
BERGENSIS. PRÆSVL ELOQVENTISSIMVS.

Ein Gleichnis

Die Reformation Anfang des 16. Jahrhunderts sollte ursprünglich nur eine Reform der Katholischen Kirche sein und keinesfalls zu einer Kirchenspaltung führen. Ein so tief greifender Einschnitt passiert auch nicht plötzlich, sondern ist ein langer Prozess. Während der großen Auseinandersetzungen wurden die kleinen, aber wichtigen Dinge der Verwaltung oft nicht geregelt. Jede kirchliche Institution versuchte nach Kräften ihre Existenz zu sichern oder sogar, sich ein größeres Stück vom Kuchen abzuschneiden.

Das Bistum Lebus hatte seinen Sitz in Fürstenwalde. Dem radikalen Bischof von Lebus, Georg Blumenthal, setzten die Protestanten den ebenso radikalen evangelischen Prediger Musäus entgegen.

1545 beschwerte sich Musäus beim Kurfürsten über das Bistum. Dieses hätte die evangelischen Ratsmitglieder der Stadt Fürstenwalde entlassen. Vor allem tue das katholische Bistum nichts für den Unterhalt protestantischer Priester.

Der Kurfürst antwortete mit einem Gleichnis: In einer bischöflichen Stadt sei ein solches Verhalten nun einmal rechtens. Musäus möge sich fügen „wie auch unser Herr Christus gegen den unchristlichen Magistrat in Jerusalem, Pilatum, Herodem und andere auch Geduld bewiesen habe". Dennoch bekam auch der Bischof Post vom Kurfürsten. Dieser antwortete, dass die Evangelischen ihn und das Domkapitel beschimpft hätten. Das bischöfliche Geld reiche gerade für die eigenen Angestellten. Mittler Weile gäbe es schon fünf evangelische Geistliche, die sich selbst finanzieren sollten. Auch der Magistrat äußerte sich zu den Vorwürfen „Offenbar und geradezu bestraft der Bischof freilich niemand wegen der Religion, aber wohl unter allerhand Vorwand, und jede Äußerung unseres Religionseifers nennt er Mutwillen." (37)

Bei Graf Perponcher

Graf Perponcher war Offizier bei den Fürstenwalder Ulanen. Er „hatte nicht gerade das Pulver erfunden" meinten die Hausangestellten. Zum Haushalt gehörten unter anderem die „Stütze der Hausfrau" Auguste Grünewald, der Kutscher Wittke und der sehr gebildete Diener Otto Mochnik.

Auguste sagte von sich selber, dass sie nicht rechnen könne. Die attraktive junge Frau organisierte das tägliche Leben in der Villa an der Eisenbahnstraße und verstand viel vom Kochen und anderen häuslichen Tätigkeiten. Mit den Bilanzen des Haushaltsbuches stand sie jedoch auf Kriegsfuß. Einmal fehlten sogar fünf Goldmark – das war vor dem Ersten Weltkrieg viel Geld. Die Lücke musste vertuscht werden. Petersilie braucht man immer, dachte sich Auguste und schrieb für fünf Mark Petersilie dazu. Dafür hätte man wohl eine Wagenladung Petersilie kaufen können! Frau Gräfin bemerkte den Fehler. Ein vorwurfsvoller Blick und ein „Aber Gustchen!" waren die einzige Strafe.

Gab es eine große Gesellschaft, so wurde weiteres Personal aus Berlin geordert. Bei einer solchen Gelegenheit wettete der Diener, dass er beim Servieren der Herrschaft vor deren Nase eine Apfelsine stehlen könne. Er gewann die Wette und er teilte sich die „Beute" mit Gustchen und den anderen.

Otto Mochnik konnte sich sogar ein kleines Häuschen in Saarow leisten. Für den Neubau hätte er auch gern einen zeitgemäßen Zimmerschmuck gehabt. Auf dem Dachboden der Villa Perponcher verstaubte ein ganzer Haufen von Geweihen und Gehörnen. Sie lagen dort wirr durcheinander und wurden offenbar nicht benötigt. Eine passende Gelegenheit, den Grafen um Geweihe zu bitten, ergab sich bald. Wenn Graf Wilhelm Perponcher angetrunken vom Kasino heimkehrte, war er mit der Dienerschaft per Du. Otto Mochnik passte ihn in diesem Zustand auf der Treppe ab, um die Bitte vorzutragen. Der Graf klopfte seinem Diener freundlich auf die Schulter und sagte „na klar kriegst du". Am nächsten Morgen war das Versprechen jedoch vergessen. Man war wieder auf Distanz zu seinem Personal. Mochnik packte den Grafen nun bei der Ehre. Ein Versprechen bricht man nicht. Endlich, viele Tage später, bat der Graf seinen Diener doch, mit auf den Dachboden zu kommen. Perponcher kniete sich vor dem Geweihhaufen nieder und betrachtete das erste Geweih oder besser das Schildchen, welches über den Jäger und das Revier Auskunft gab. „Verwandtschaft", stellte er fest. „Das kann ich Ihnen nicht geben, das hat ein Verwandter geschossen." Dann flog es im hohen Bogen über die Schulter auf einen neuen Lagerplatz. Das gleiche Schauspiel wiederholte sich von Geweih zu Geweih: „Verwandtschaft! Alles Verwandtschaft!" Irgendwann war der ganze Haufen umgeschichtet und sein treuer Diener stand immer noch ohne Geweih da. Keiner der Verwandten des Grafen wäre wohl je auf die Idee gekommen die Geweihe in Fürstenwalde zu kontrollieren. Also blieb Mochnik am Ball und konnte tatsächlich einige Tage später mit Trophäen, wohl von „entfernter Verwandtschaft" sein Häuschen schmükken.

Fürstenwalde, Trebus und zurück

Nach dem Ersten Weltkrieg wurde der Fürstenwalder Haushalt des Grafen Perponcher aufgelöst. Die Familie zog nach Bad Doberan und die Fürstenwalder Angestellten mussten sich ein neues Tätigkeitsfeld suchen. Der Kutscher Wittke kutschierte seit dieser Zeit die Gutsbesitzerin von Trebus. Sie hatte einen Freund, einen Offizier aus Berlin, der sie regelmäßig besuchte. Er kam mit der Bahn und wurde von dem Kutscher abgeholt.

Der Weg nach Trebus war einfach. Es ging über den Bahnübergang neben dem Bahnhof und dann immer geradeaus, wenige Kilometer nach Norden. Ein unverheiratetes Paar war für den Kutscher damals unmoralisch und eigentlich ein Ding der Unmöglichkeit. Deshalb „fanden die Pferde den Weg nicht" wie sein Bekannter Otto Mochnik meinte. Jedes mal gab es „Probleme". Beim Abholen vom Bahnhof stand sich der schneidige Offizier die Beine in den Bauch, bis Wittke endlich eintraf, und die Rückfahrt mit der Kutsche wurde so geschickt verzögert, dass der anvisierte Zug nach Berlin ständig verpasst wurde. Dann stand der Hausfreund wieder beinahe eine ganze Stunde auf dem Bahnhof herum.

Ein Tag der Befreiung

Es war im Februar 1813. In der Stadt lagen italienische Truppen der napoleonischen Armee als ungeliebte Besatzer. Als sich Kosaken im Umfeld Fürstenwaldes blicken ließen, trafen die Franzosen bzw. Italiener Vorsichtsmaßnahmen. Die Stadttore wurden verschlossen und mit Wagen, Pfählen und Palisaden zusätzlich verrammelt. An den Spreebrücken bei den Mühlen wurden Tonnen mit brennbaren Materialien aufgestellt. Spätestens beim Herannahen der Russen hätte man diese angesteckt. Das war für die Fürstenwalder zu viel. Sie drohten mit offener Feindschaft, sollten die Brücken und Mühlen angezündet werden. So wurde die Brandstiftung erst einmal verschoben.

Da nun alle Stadttore verrammelt waren, brach man im Osten der Stadt, im Bereich der heutigen Reinheimer Straße, eine kleine Pforte in die Mauer. „[...] da gingen sie ängstlich aus und ein um die Annäherung der Russen zu beobachten." (38) Die Kosaken hatten gerade ein Gefecht bei Gölsdorf hinter sich, bei dem ein Regiment Chasseurs in Gefangenschaft geraten war und ein russischer Offizier den Tod gefunden hatte. Sie kamen von Norden ganz nahe an die Stadt heran und wollten die Franzosen zur Kapitulation bewegen. Diese meinten aber, sich halten zu können.

Zu dieser Zeit konnte ein Schüler namens Erxleben das französische Schlupfloch in der Stadtmauer ungehindert passieren. Dann ging der Sohn eines Küsters nach Hause, nach Berkenbrück, einem Ort fünf Kilometer östlich von Fürstenwalde. Anschließend ging es weiter – zu den Kosaken. Mit Händen und Füßen erklärte er ihnen seinen Plan zur Befreiung von Fürstenwalde. „Die Kosaken nahmen ihn freundlich auf und überließen sich seiner Leitung. Er führte sie durch eine Furth bei Berkenbrück über die Spree auf das Ketschkendorfsche Feld", also südlich von Fürstenwalde.

Das machte den französischen Besatzern große Angst. Sie konnten ja nicht ahnen, dass die Spree überwindbar war und dass die Kosaken im Norden der Stadt die gleichen, wie die im Süden waren.

Verzweifelt versuchte die Besatzungsmacht einen Ausfall. Die verzagten französischen Truppen ließen sich jedoch von den sich verstärkenden russischen Kosaken gleich wieder zurückdrängen.

Sie kapitulierten und die Kapitulationsurkunde wurde beim Gastwirt Wieser unterzeichnet. Die Franzosen beziehungsweise Italiener erhielten freien Abzug mit klingendem Spiel und verließen die Stadt am 13.2.1813.

Alarm!

Sonntag, den 11.4.1813 erhielt der Magistrat ein beunruhigendes Schreiben des Landrats Lehmann. Demnach waren die Franzosen von Stettin aus durchgebrochen und befänden sich nun in der Nähe von Strausberg und Wriezen. Sie würden wohl nach Berlin oder in „unsere Gegend" kommen.

Der Magistrat reagierte sofort. Die Bürger, aber auch die Dörfer in der Umgebung, wurden aufgerufen, sofort einen Landsturm zu organisieren, um unverzüglich gegen den Feind auszurücken.

„Wer von den wehrhaften Männern dem Rufe nicht sogleich Folge leistet, wird als Landesverräter betrachtet und bestraft" hieß es. (39) Durch reitende Boten wurden die Dörfer informiert. „Um 12 Uhr in der Nacht erscholl der schauerliche Ton der Sturmglocke, die wehrhaften Männer der Stadt versammelten sich auf dem Marktplatze mit allerlei Waffen, die sie sich in der Eile hatten verschaffen können, ausgerüstet. Der Herr von Gersdorf suchte Ordnung in die Verwirrung zu bringen; der Landsturm wurde geordnet, und unter dem Weinen der Frauen, dem Geschrei der Kinder, dem Klang der Trommel und dem feierlichen Schall der Sturmglocke und dem Geräusch der Waffen zogen die muthigen Männer dem nahevermutheten Kampfe entgegen." Der Archidiakon Richter schrieb unter diesem Eindruck ins Konfirmandenbuch: „Gott bewahre unsere lieben Nachkommen vor solchen Beängstigungen. Wer solche Schreckenstage nicht selbst erlebt hat, kann sich keine gehörigen Vorstellungen machen."

Der Fürstenwalder Landsturm erreichte bald den Ort Falkenberg, noch weitab vom vermuteten Feind. Die Frau v. Wiedenbach, die Besitzerin des Gutes, nahm sich „freundlich und patriotisch" der Landsturmmänner an. Von ihr erhielt die kampfentschlossene Truppe die Nachricht, dass es sich nur um einen blinden Alarm gehandelt hatte. Es gab keine Franzosen in der Nähe! Am Montagvormittag zog der „Heerbann" unter lautem Jubel und völlig unversehrt wieder in Fürstenwalde ein. Der Empfang glich einer Siegesfeier.

Danach wurde ein Alarmsystem im Kreis Lebus geschaffen, das solche Fehlalarme unmöglich machte. Es trat am 3.5.1813 in Kraft.

Schaumburg-Lippe

In den 70er Jahren des 20. Jahrhunderts lebten noch zwei Trompeter des Ulanenregiments in Fürstenwalde und erzählten manche Schnurre aus ihrer Dienstzeit. Ihr oberster Dienstherr, der Kaiser, hatte einen etwas verkürzten Arm und wohl deshalb auch Probleme beim Reiten. Dennoch gehörte es sich so, dass der oberste Kriegsherr zur Parade hoch zu Ross erschien. Bei einer Parade, leider ist nicht bekannt wo und wann sie stattfand, ist der Kaiser vom Pferd gefallen. Die Fürstenwalder Ulanen mit ihren Trompetern waren Zeuge des Unglücks.

In dem Regiment diente zu dieser Zeit auch ein Graf v. Schaumburg-Lippe als Rittmeister. Er war von der Garde du Corps hierher kommandiert worden. Das allein war schon sehr aufschlussreich. Die hochgestellte Persönlichkeit, Schaumburg-Lippe war ein eigener deutscher Staat, kam vom vornehmsten Reiterregiment Deutschlands zu einem Linienregiment! Da war wohl etwas vorgefallen. Vielleicht hatte der Graf einfach keine Lust zu dem auferlegten standesgemäßen Offiziersdasein. Jedenfalls saß er nicht wie ein schneidiger Offizier auf seinem Pferd. Diese unsoldatische Haltung legte er öfter an den Tag. Da brüllte der Regimentskommandeur: „Schaumburg, wenn Sie nicht gerade auf ihrem Gaul sitzen, lasse ich Sie hinter der Schwadron reiten!" Schaumburg rappelte sich ein wenig im Sattel auf und sah verdrießlich in die Landschaft. Einen so hohen Adel vor allen Mannschaften mit solch groben Worten zu traktieren, das war schon sehr außergewöhnlich in dieser Zeit!

Eine Frage der Technik

„Wie ist die Jugend nur verdorben!" „Das hätten wir uns früher nicht getraut." „So etwas war für uns völlig unmöglich. Wir hatten auch eine ganz andere Erziehung." „Es gab noch keine Spraydosen für Farbe. Was diese Erfindung für einen Schaden angerichtet hat!" Solche Sätze hört man immer, wenn beschmierte Wände oder umgestoßene Papierkörbe betrachtet werden. Wie hat sich die Generation, die nun schimpft, selber in ihrer Jugend verhalten? Und wie war es mit deren Eltern-, Großeltern- und Urgroßelterngeneration?

Lesen wir einmal in der Fürstenwalder Zeitung nach:
Bereits 1840 gab es große Aufregung um ein etwas abseits stehendes Haus. Es war schon einige Zeit nicht bewohnt. Es wurde auch nicht mehr bewohnbar, weil das Gebäude durch jugendlichen Übermut abrissreif geworden war.

Fast das ganze 19. Jahrhundert hindurch standen Bänke vor den Häusern. Dort saß man nach getaner Arbeit, rauchte vielleicht ein Pfeifchen, machte ein Schwätzchen mit dem Nachbarn und sah den abendlichen Passanten zu. Eine solche Bank stand auch vor dem Haus des Wollspinners Wilke. In der Nacht vom 15. zum 16.6.1888 wurde sie von mehreren jungen Leuten entwendet und „auf dem Dache des Spritzenhauses wolgemuth wieder auf(gestellt)". Weiter heißt es in dem Bericht über diesen echten „Straßenjungen-Streich": „Es wäre zu wünschen, daß diese Burschen endlich einmal abgefaßt würden; denn außer diesem Unfuge treiben sie schon seit längerer Zeit des Nachts in den Straßen unserer Stadt allerlei Allotria." (40)

Im Jahre 1910 wurden noch immer Gartenbänke durch Schüler und Lehrlinge verschleppt. Private Bänke, die vor den Häusern standen, hatte man nun nicht mehr zur Verfügung. Man verbrachte Bänke aus den öffentlichen Parkanlagen. Am 2.8.1910 meldet die Zeitung, dass durch junge Leute in der Gartenstraße Unfug verübt worden war. Aus Baumaterialien wie Rüststangen,

Kalkkästen und so weiter war eine Barrikade auf dem Fahrdamm der Gartenstraße errichtet worden, welche den morgendlichen Verkehr erheblich behinderte. (41) Wenige Tage zuvor, am 30.7.1910, listete das Blatt bereits andere Jugendstreiche auf:

„[...]so stellten Sie ein großes Schild mit der Aufschrift 'Schuttabladen verboten!' vor dem Haupteingang der 'Philharmonie', so dass die Bewohner heute morgen einen Nebenausgang benutzen mußten, um hinaus zu gelangen. Die Vorgartentür des Gymnasiums wurde ausgehoben und bis nach der Frankfurterstraße geschleppt. Vom Kaiserplatz wurde eine Bank bis zum Café 'Metropol' in der Eisenbahnstraße getragen und an der Badeanstalt Am Sauanger erkletterten die Unholde das Dach des Badehauses und tanzten unter lautem Gejohle wie die Wilden darauf herum." (42)

Wirklich ernsthafte Beschädigungen fallen uns heute manchmal bei der Bahn auf. Da werden Züge mit Graffiti versehen, Polster aufgeschlitzt und Glasscheiben zerkratzt. Viele dieser Möglichkeiten hatten Übeltäter in der Zeit um 1900 noch nicht. Man hatte andere:

„Fürstenwalde, 30.12.1902. -Ein nichtswürdiger Unfug wird seit einiger Zeit in den Vorortzügen verübt. Die Rahmen der Nummern- und Klassenschilder , sowie die Behälter für Cigarrenasche, die für die Wagen dritter Klasse erst kürzlich eingeführt wurden, werden abgeschraubt und mitgenommen oder zerstört, Leder und Polster zerschnitten." Damals gingen die Klapptüren der Personenwagen nach außen auf. „Die Taugenichtse öffnen auch während der Fahrt muthwillig die Abtheilthüren, so daß sie von kreuzenden Zügen gefaßt und schwer beschädigt werden. Der Unfug hat einen solchen Umfang angenommen, daß die Eisenbahnverwaltung jetzt zur Ermittlung der Thäter die Hilfe des fahrenden Publikums in Anspruch nimmt und eine Belohnung von 25 Mk. ausschreibt. Das ist zwar nicht viel, aber die anständigen Fahrgäste werden der Eisenbahnverwaltung gegen die Flegel auch ohnehin gern ihre Hilfe leihen." (43)

Sonntagsruhe

Früher waren die Menschen frommer, heißt es. Die Kirchen waren am Sonntag immer voll. Grundsätzlich mag das auch stimmen. Die Menschen waren den Naturgewalten viel stärker ausgesetzt und die Kirche stellte nicht nur ein religiöses, sondern auch gesellschaftliches und kulturelles Zentrum dar.

Bei genauerem Hinsehen fallen allerdings auch recht drastische Ausnahmen auf.

Im Jahre 1674 vernahm der Kurfürst, wohl aufgrund einer Beschwerde, dass die Jahrmärkte in Fürstenwalde sonntags gehalten wurden. Dadurch wurde der Sonntag „nicht wenig entheiligt" und es wurde „dem Gottesdienst abgebrochen". (44) Offenbar war der Dom an den Jahrmarktssonntagen leer.

Durch kurfürstliche Anordnung gezwungen, ordnete der Magistrat neue Termine für die Jahrmärkte an.

Im 19. Jahrhundert waren diese und ähnliche Anordnungen allerorts vergessen.

Immer wieder versuchte die Obrigkeit, wenigstens während des Gottesdienstes den Geschäftsbetrieb einzudämmen. Die Geschäftsinhaber in der Innenstadt boten verdeckten Ungehorsam gegen derartige neue Vorschriften. Zum Ärger von Magistrat, Polizei und Kirche gingen sie nicht nur nicht in die Kirche, sondern hielten auch ihre Geschäfte weiter offen. Die Tür wurde zwar während des Gottesdienstes zugezogen, aber nicht verschlossen. Das Geschäft ging weiter! Offiziell durften nur Apotheken während des Gottesdienstes Arzneien verabreichen.

Im Jahre 1891 wurde in ganz Deutschland die „allgemeine Sonntagsruhe" eingeführt. Gegen das grundsätzliche Anliegen protestierte niemand öffentlich. Im Detail gab es aber viele Sorgen und Anfragen. Hat ein Schiffer, der am Sonntag ankommt nicht auch ein Anrecht auf frische Brötchen? Bildet der Verkauf von Backwaren durch einen Automaten eine Störung der Sonntagsruhe? Es brauchte wohl längere Zeit, bis sich die Sonntagsruhe tatsächlich einstellte.

Um 1900 waren die diesbezüglichen Anordnungen formal durchgesetzt. Konfessionell gebunden war man ohnehin und zahlte Kirchensteuern. Dennoch ging nicht jedermann in die Kirche. Die Weihnachtsmusik, die auf dem Domturm gespielt wurde, bezeichneten die Kirchensteuerzahler ohne Kirchenbesuch als „einmalige Aufwandsentschädigung". Aus einer Gaststätte in der Nähe des Domes hörte der Passant in den 20er Jahren des 20. Jahrhunderts oftmals den Gesang der Zecher:

„Wir versaufen Pfarrer Triebel
seine Bibel,
und das Alte und das Neue Testament dazu!" (46)

SEINEN
SÖHNEN DAS
TRAUERNDE
FÜRSTENWALDE

Ein Bierulk mit Folgen

Auf der wichtigsten Kreuzung der Stadt stand ein Denkmal, das den gefallenen Fürstenwaldern der Kriege von 1864 gegen Dänemark, 1866 gegen Österreich und 1870/71 gegen Frankreich gewidmet war. Den Sockel einer Germania mit Fürstenwalder Wappenschild bewachte je ein steinerner Vertreter aller drei Waffengattungen. Am Morgen des 30.7.1910 erschreckten die braven Bürger der Stadt als sie ihre „Fürstenwaldia" sahen. Die Zeitung meldete: „Das Kriegerdenkmal durch Bubenhände beschädigt. Leider ist es nicht das erste mal, daß wir über eine Schändung unseres Kriegerdenkmals berichten müssen. Wie sich Bubenhände überhaupt an einem von Künstlerhand geschaffenen Werke, noch dazu an einem Denkmal, das den für das Vaterland gefallenen Söhnen der Stadt geweiht ist, vergreifen können, bleibt uns unerklärlich und zeugt von äußerst gemeiner Gesinnung und roher Gemütsart. Heute morgen bemerkten Passanten des Kaiserplatzes, dass der Hauptfigur unseres Kriegerdenkmals, der Germania, ein Rettungsring, wie solche zur Rettung von Menschen die sich in der Gefahr des Ertrinkens befinden, verwendet werden, um den Hals gelegt war. Bei näherer Besichtigung stellte sich heraus, dass die Ruchlosen beim hinaufklettern dem Artilleristen die Helmkugel abgetreten und von den französischen Adler, den der Kanonier hält, einen Flügel abgebrochen hatten. Offenbar handelt es sich hier um einen Bierulk, den junge Leute in Szene setzen." (46)
Die polizeilichen Ermittlungen waren am 2. August noch nicht sehr viel weiter. „Es kommt eine größere Anzahl junger Leute in Frage, die von einer Kneiperei zurückkehrten und die dummen Streiche in überschäumender Bierlaune verübt haben." (47) Zwei Tage später meldete die Zeitung einen Fahndungserfolg: „Als Haupttäter bei den Rüpeleien in der Nacht zum Freitag voriger Woche kommen nach den polizeilichen Ermittlungen die Frankfurterstr. 30f hierselbst wohnhaften Gebrüder Anstreicher Peter Cheret und Arbeiter

Gustav Cheret, sowie der Feldstraße 4 wohnhafte Schlosser Otto Gliesche in Frage. Alle drei sind bei der Firma Pintsch beschäftigt. Gliesche nahm auf anstiften des Peter Cheret den Rettungsring von der Freiarche mit und letzterer erkletterte mit Unterstützung der beiden anderen Personen das Denkmal und hängte ihn der Germania um den Hals, hierbei das Denkmal beschädigend. Während Gustav Cheret und Gliesche ein Geständnis abgelegt haben und infolgedessen auf freiem Fuß belassen wurden, legt sich Peter Cheret aufs Leugnen, trotzdem er für überführt zu erachten ist. Er wurde deshalb nach seiner heute Vormittag stattgehabten polizeilichen Vernehmung in Haft genommen." (48)

Der Vorfall wurde durch die auswärtige Presse weiter verbreitet und hatte etwas Politisches: Die Germania, also Deutschland, war mit einem Rettungsring versehen worden. Armes Deutschland!

Für den Dichter Heinrich Spörl war das die Anregung zu seinem berühmten Buch "Der Maulkorb", das 1936 erschien und 1937 verfilmt wurde. In seiner Geschichte bekommt das Denkmal eines Fürsten einen Maulkorb verpasst.

Das Telefonat

Im Zweiten Weltkrieg wurden die Telefonverbindungen zwischen Berlin und Bad Saarow per Hand vermittelt. Den „Stöpseldamen" in Fürstenwalde war das Mithören von Telefonaten selbstverständlich strengstens verboten. Die Technik bot damals allerdings noch keine wirksamen Barrieren gegen das Lauschen und in Bad Saarow gab es viele Prominente. Die Logik dieser Konstellation ist, dass natürlich viele Gespräche Prominenter von allen Frauen gehört wurden. Auch die Telefonate die der Reichsarbeitsminister Robert Ley mit seiner Freundin in Bad Saarow führte, wurden stets von der ganzen Frauenschar mit Spannung verfolgt. Ley machte seiner Freundin dann Sicherheitsvorschriften, die sie ignorierte. Sie versuchte ebenso erfolglos zu flirten. Am Ende des einen Telefonates bat sie säuselnd: „Ach Robert, sag doch mal was Liebes!". Nach kurzer Überlegung antwortete Ley: „Heil Hitler". Die Telefonistinnen zogen sich sofort aus dem Gespräch heraus. Dann brachen sie in schallendes Gelächter aus. Es dauerte geraume Zeit, bis sich die „Stöpseldamen" wieder beruhigt hatten und die Tränen des Lachens getrocknet waren.

Abend- und Morgenmusik

In einer Zeit ohne Radio wurde Livemusik besonders wertgeschätzt. Die Stadt hatte hierfür das Amt des Kunstpfeifers. Durch ihn war zu jeder Zeit musikalische Unterhaltung gewährleistet. Auswärtige Musikanten, mussten ihm einen Abstand zahlen. Damit der Bürger wusste wann der Tag beginnt, es Mittag und der Abend ist, blies der Stadtpfeifer vom Turm. Der Bürgermeister Jacob Lotichius beschreibt das 1679 so:

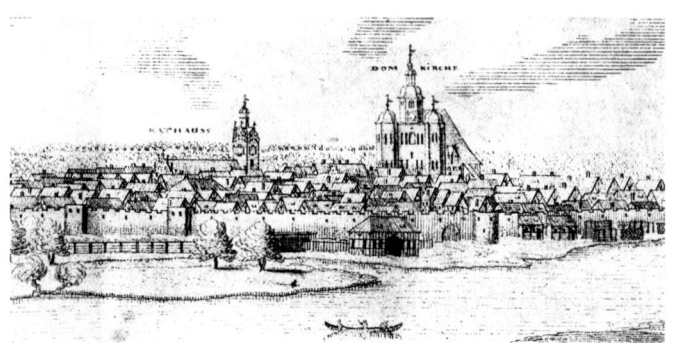

„Wann Titans hoher Lauff den Mittag schier will machen/
Die Uhre Zehn schlägt ab/ da gehet mit seinen Sachen/
Der Musicanten Chor/ bestimmet sich zu Hauff/
und blaset uns zu Tisch eines mit Posaunen auf.
Die Mittags Music ist vom Rathsturm anzuhören/
Fast hoch / in freyer Lufft; sie schallet GOTT zu Ehren/
Dem Menschen zu Bericht: dann so weiß jedermann
Ihm täglich um die zeit/ Die Glock sei Zehn heran".
(49)

Derselbe Bürgermeister, der seinen Kunstpfeifer hier so lobt, ging gegen ihn gerichtlich vor:
Ausgerechnet zu Ostern, wo ein mehrstimmiger Choral vorgeschrieben war, hatte der Kunstpfeifer nur einen einzigen, unausgebildeten Lehrjungen auf den Turm geschickt! (50)

Thie, Bildhauer

Um die Jahrhundertwende vom 19. zum 20. Jahrhundert arbeitete der Bildhauer Thie in Fürstenwalde. In einer dunklen Ecke des Domes fand er die Bruchstücke einer prächtigen Vase, die einst im 17. oder 18. Jahrhundert eine der Seitenkapellen zierte. Allein aus Interesse an der guten handwerklichen Arbeit eines längst vergessenen Berufskollegen machte er sich ans Werk und restaurierte das Stück. Das war ungewöhnlich. Mir wird er dadurch sofort sympathisch. Seine Zeitgenossen zuckten mit den Axeln und gingen weiter. (51)

1990 erschienen im Museum drei alte Herrschaften mit einem dicken Album. Es waren Nachfahren des Bildhauers Thie. Die Fotos zeigten Ateliers und einen Löwen aus Sandstein mit goldener Kugel. Das Interesse der Nachfahren an der Familiengeschichte war gering und zu einem zweiten Treffen kam es leider nicht mehr. Auch eine schnelle Reproduktion wichtiger Fotos war damals noch nicht möglich. Immerhin gaben die drei in der halben Stunde ihrer Anwesenheit eine kleine Geschichte zum Besten, die sich der Familienüberlieferung nach in Fürstenwalde zugetragen haben soll. Es kann sich aber durchaus auch um eine andere Stadt handeln.

Thie soll demzufolge für den Park Gartenfiguren angefertigt haben. Diese Gartenfiguren gab es jedoch nur einen Tag lang zu sehen. Sie zeigten wohl nackte Damen und wurden aus „sittlichem Empfinden" sofort wieder entfernt.

Zwei Dorfgeschichten

Dorfgeschichten? Ja, die Stadt hatte unfreiwillig Dörfer verordnet bekommen. Sie gehörten zur sogenannten Binnenkolonisation des „Alten Fritz". Auf königlichen Befehl und widerstrebend musste der Magistrat 1748 auf der großen Bürgerheide ein Dorf anlegen. Dieses Dorf hieß Mierwalde. Die Kosten für die Anlegung des Dorfes gingen fast vollständig zulasten der Stadt. Es verwundert deshalb nicht, dass die Stadt ein wenig mogelte.

Das Land zu den 10 Hofstellen war wesentlich kleiner, als von den königlichen Behörden angeordnet. Trotzdem wurden viele Hofstellen bald besetzt. Die Siedler ahnten nichts von dem Betrug und es wäre ihnen auch egal gewesen. Sie warteten nur ab, bis das Geld für das Großvieh ausgereicht wurde, denn das wurde als einziges nicht in Naturalien geliefert. Im Jahre 1750 verschwanden sie klammheimlich mit dem Geld, um den Investitionsbetrug an anderer Stelle erneut zu versuchen. Noch in demselben Jahr begann die Wiederaufsiedlung durch vier Kolonisten aus Württemberg. Auch sie und diejenigen, die nach ihnen kamen wussten zunächst nichts von den zu kleinen Flächen. (52) Erst als einer der Kolonisten 1839 die Goltz´sche Chronik las, in der die angeordneten Größen akribisch verzeichnet sind, fiel der Schwindel auf. Das Dorf beschwerte sich. Sowohl bei der Stadt als auch in den Landesarchiven ließen sich keine Unterlagen finden, sodass alles beim Alten blieb. Die Dörfler „mögen sich in ihr Schicksal fügen". Das Merkwürdige an der Sache ist, dass die seinerzeit gesuchten Unterlagen noch heute vorhanden sind. Städtische und Landesbehörden waren sich wohl einig geworden! (53)

Kaum war Mierwalde wieder mit neuen Siedlern besetzt, erreichte die Stadt ein sehr ähnlicher Befehl. Das Schreiben datiert auf den 31.12.1751. Auf Kosten der Kämmerei der Stadt Fürstenwalde sei ein Dorf von 20 Stellen anzulegen. Der Magistrat war nun ernstlich erbost und wollte sich keinesfalls noch ein Dorf aufbürden lassen. Er schrieb am 29.1.1752, dass ihn diese Nachricht „ungemein alterieret" hätte, das dadurch „die Stadt und Bürgerheide bis auf den Grund ruiniert werden müßten". (54) Man hätte schon genug unter dem ersten Kolonistendorf gelitten. Die königliche Antwort kam prompt und datiert vom 6.2.1752: Er, der König, fände die Einwendungen der Bürgerschaft „von schlechter Erheblichkeit, und sei versichert, dass solche blos aus Caprice und Mißgunst herrührten; daher hierdurch die querulierende Bürgerschaft ein und für allemal ab und zur Ruhe verwiesen werde."

So musste man doch mit dem Bau des neuen Dorfes beginnen. Allein die Errichtung der Häuser kostete die stolze Summe von 2.127 Talern. Der Commissarius loci, Herr Kriegsrat Pfeiffer, machte den Vorschlag, das Dorf nach dem Bürgermeister Braun „Braunsdorf" zu nennen. Mierwalde wurde bei dieser Gelegenheit nach dem anderen Fürstenwalder Bürgermeister Kirchhoff, in „Kirchhofen" umbenannt. Die Bürgermeister hat es sicher gefreut. So ist seitdem Kirchhofen nach einem derjenigen benannt, der die Einwohner Kirchhofens so erfolgreich „über den Tisch gezogen" hatte.

1752 wurde auch die Amtskolonie angelegt. Sie befand sich in unmittelbarer Nähe der Stadt, aber auf königlichem Grund und Boden. Am 11.6.1776 machte die Kurmärkische Kammer den Vorschlag, die Amtskolonie zur Stadt zu legen. Der Magistrat erklärte jedoch, „ein so nachteiliges Geschenk" nicht annehmen zu wollen. (55)

Eine Verwaltungsreform

Das Bürgermeisteramt bzw. die Bürgermeisterämter beruhten zunächst auf uralten Traditionen. Bei vielen Naturvölkern gab und gibt es die "Doppelspitze", oft aus zwei verwandten und in der Administration völlig gleichberechtigten Personen. Die bekanntesten sind die Hunnenkönige Attila und Bleda. Selbst in den sagenhaften Gründern Roms, Romulus und Remus spiegelt sich dieses System wider.

Auch die mittelalterlichen Bürgermeister Fürstenwaldes waren gedoppelt. Jeweils zum Dreikönigstag, dem 6. Januar, wurden die beiden Bürgermeister für ein Jahr in den Ruhestand versetzt und dafür ein anderes Paar Bürgermeister aktiviert. Gleichzeitig wechselte der Magistrat, den es auch doppelt gab. Die Stadt hatte also vier Bürgermeister. Bei besonders wichtigen Angelegenheiten wurden auch die beiden ruhenden Bürgermeister um ihre Meinung gefragt.

In Zeiten des Absolutismus war eine derartig selbstbewusste demokratische Stadtführung für die Staatsgewalt äußerst unbequem. Man benötigte einen Verantwortlichen!

1719 wurde deshalb eine Verwaltungsreform befohlen. Die Folge war, dass die vier Bürgermeisterposten umbenannt wurden. Es gab nun zwar einen „Consul dirigens", einen nominellen Oberbürgermeister, er hatte aber wohl keine oder keine wesentlich größeren Befugnisse als seine Amtskollegen. Ein weiterer Bürgermeister hieß jetzt „Consul Honorarius", also in etwa Ehrenbürgermeister. Der Dritte im Bunde durfte sich „Proconsul" nennen. Das lässt sich mit stellvertretendem Bürgermeister übersetzen. (56) In den Ohren des 18. Jahrhunderts klang die Bezeichnung jedoch noch etwas vornehmer, denn nach Adelungs Wörterbuch aus dem Jahre 1793 bedeutet Proconsul auch so viel „der Bürgermeister" überhaupt. (57) Für den letzten der Bürgermeister fand sich die wohlklingende, aber auch ehrliche Bezeichnung „Consul supernumerarius". Das heißt, es handelte sich um einen überzähligen Bürgermeister.

In der Sache blieb das meiste beim Alten. Der Staat mischte sich, wo möglich, ein. So heißt es: „Den 6. Mai 1735 legte Johann Adam Rinck, weil er durch ein königliches Rescript vom 26 Januar dem Bürgermeister Sprengel adjungiert war, den Bürgermeistereid ab." (58) Merken Sie etwas? Es scheint nach diesem Wortlaut völlig egal zu sein, zu welchem der vier Bürgermeisterposten Johann Adam Rinck gehörte! Auch bei anderen Aufzählungen fehlen die Bezeichnungen und es werden nur vier Bürgermeisternamen aufgeführt. In diesem Fall war Rinck dem Proconsul Sprengel adjungiert, das heißt „angebunden".

Welche Querelen oder Missetaten dazu führten, dass der Consul dirigens Christian Fiedler 1739 unfreiwillig abdanken musste und sein Nachfolger, der ehemalige Feldwebel Adam Gottfried Chun, „1742 entwichen" war, ist leider nicht bekannt.

Die Obrigkeit konnte mit der halbherzigen Verwaltungsreform nur schlecht leben. Deshalb wurde 1742 ein neuer Anlauf genommen. Anscheinend wurden die ersten Konzepte der Stadt von dem Landesvertreter, dem Commissarius loci, verworfen. Erst am 18.3.1755 genehmigte dieser, der Kriegsrat Senning, den Entwurf „nochmals". Von dem weiteren Hin und Her wissen wir nichts.

Die geplanten Veränderungen fielen nun vermutlich bei höheren Landesbediensteten durch, denn erst auf ein Kammer-Rescript vom 17.1.1771 reichte der Magistrat das Konzept am 16.3.1771 zur Approbation ein.

Was hatte die Staatsgewalt nun erreicht? Sie war nach 52 beziehungsweise nach 29 Jahren Kampf einen der vier Fürstenwalder Bürgermeister tatsächlich losgeworden. Die Führungsriege bestand nun aus einem Consul dirigens, einem Proconsul und einem Kämmerer. Der Posten des Consul dirigens entsprach allerdings nun auch der Bezeichnung. Eine Ratsversatzung mit dem prächtigen Festmahl gab es nicht mehr. Dafür wurde der Ablauf der Geschäfte genau geregelt. (59)

Gustav Sembritzki

Der Straßenname und der Politiker

Viele merkwürdige Dinge werden neben Briefmarken und Euromünzen gesammelt: Gullydeckel, Kotztüten der Luftfahrtgesellschaften, Bananenaufkleber und anderes. Man kann auch Straßennamen sammeln. Wenigstens zwei Leute im deutschsprachigen Raum suchen nach Informationen zu Sembritzkistraßen, denn Sembritzkistraßen gibt es in vielen Städten. Der Fürstenwalder Vertreter dieses Straßennamens ist nach Gustav Sembritzki benannt, welcher 1868 von Berlin nach Fürstenwalde zog. 1870 wurde er Stadtverordneter und 1873 Stadtverordnetenvorsteher. Hochbetagt wollte der Assessor 1891 alle Ämter niederlegen. Auf „dringendes Bitten" nahm er dann doch noch einmal das Mandat eines Stadtverordneten sowie eines Landtagsabgeordneten an. Sembritzki genoss, so steht es am 11.12.1891 in der Zeitung, „nicht nur das volle Vertrauen einzelner Kreise, sondern der ganzen Bürgerschaft." (60)

Was machte Herrn Sembritzki so unentbehrlich? Auch darüber gibt das Blatt Auskunft. Er verstand es, der Bewilligung von Geldmitteln zum Wohl der Stadt so das Wort zu reden, dass diese auch tatsächlich ausgereicht wurden. Andererseits trat er „solchen Anforderungen entschieden entgegen, welche geeignet waren, die Steuerkraft der Bürgerschaft übermäßig anzuspannen". Sicher hat ihm bei der Durchsetzung der städtischen Wünsche seine Verwandtschaft geholfen, die ähnliche Positionen in anderen Städten oder bei anderen Behörden bekleidete. Ein Netzwerk macht vieles möglich.

Im Jahre 1893 musste er dann doch krankheitshalber alle Ämter niederlegen. Er wurde daraufhin sofort Ehrenbürger von Fürstenwalde, und eine gerade neu angelegte Straße wurde nach ihm benannt. Nach seinem Tode am 3.10.1898 hinterließ er der Stadt 62.200 Mark, von denen allein „60.000 Mark zum Besten Stadtarmer" zu verwenden waren. Die umfangreiche und wertvolle Bibliothek erhielt das Städtische Gymnasium. (61)

Verkehrsregeln

Bereits am 29.4.1893 kündigt die Zeitung die bevorstehende Durchfahrt eines „Patentmotorwagens Benz" an. Es sollte nur bis 1897 dauern, bis wieder ein Auto durch die Stadt rollte. (62)

„29. August 1897 [...] Über den Benzin-Motorwagen, der unsere Stadt passierte, wird berichtet: Der Wagen, ähnlich gebaut wie eine Droschke, mit Gummireifen versehen, wurde von einem Reisenden der Firma Kathreiners Malzkaffee benutzt. Der Herr hatte die Tour von München aus, wo sich die Fabrik befindet, gemacht und besuchte hier, wie überall seine Abnehmer. Der Wagen fährt bei geradem, gutem Weg 24 Kilometer per Stunde." (63)

Wesentlich früher, nämlich 1869, drehte erstmals ein Fahrrad eine Runde in Fürstenwalde. Vorerst war es eine Saalrunde beim Handwerkerverein, und zwar „mit Donnergepolter". (64)

Fahrräder blieben noch eine ganze Weile eher ein Sportgerät und gehörten nicht zum Straßenbild. An Verkehrsunfällen waren zunächst nur Fuhrwerke und Fußgänger beteiligt. Durchgehende Pferde waren die häufigste Ursache. Trunkenheit am Zügel war auch nicht selten. Es wurde auch schon mal gemeldet, dass ein Jugendlicher mit einer Kalesche viel zu schnell in die Schloßstraße eingebogen war und dabei beinahe ein Kind überfahren hatte. Man möge doch ein Schild „Schritt fahren" aufstellen. Dennoch gab es verhältnis-

Radfahrer-Verein
Fürstenwalde
1896.

mäßig wenig und nur langsamen Verkehr. Als Fahrräder im Stadtbild alltäglich wurden, änderte sich das.

In der Fürstenwalder Zeitung ärgerte sich beispielsweise ein Bürger am 7.6.1899 unter „Eingesandt": „Seit einiger Zeit bietet sich den Bewohnern der Müncheberger-, Fischer,- Schloßstraße u.a. eine ganz eigentümliche 'Augenweide' dar. Ein kleiner junger Mensch von ca. 14 Jahren in blauem Arbeitshemd mit abgekremten Filzhute macht diese Straßen für Fußgänger, namentlich Kinder in der Weise unsicher, daß er auf einem veraltetem Fahrrade wie ein aus seiner Bahn geschleudertes Meteor dahinrast." Man sollte doch „solchen jungen Leuten ein Rad nicht in die Hände geben, wenigstens nicht eher, als bis dieselben wirklich Herr des Rades sind, und dadurch dann nicht mehr Leben und Eigenthum der Straßengänger bedrohen können". (65) Im „Sprechsaal" ergänzte tags darauf ein anderer Leser die Schilderung und stellte fest, dass nicht nur Jugendliche, sondern auch solche „Personen, von denen man es tatsächlich nicht erwarten würde" auf der falschen Straßenseite fahren, rechts überholen und Kurven schneiden. Weiter heißt es: „Hier währe es sehr erwünscht, wenn unsere sonst so rührige Polizei auch auf diese Mißstände ein kleines Augenmerk hätte". (66)

Im Jahr darauf, am 12.1.1900 entstand die erste Fürstenwalder Verkehrsvorschrift für das neue, schnelle Fortbewegungsmittel: „Polizeiverordnung betr. den Verkehr mit Fahrrädern auf öffentlichen Wegen, Straßen und Plätzen." (67) Zunächst einmal galten die Vorschriften aus dem Fuhrwerksverkehr auch für Fahrräder. Dort war zum Beispiel schon Rechtsverkehr vorgeschrieben. Vieles war ganz ähnlich geregelt, wie in den heutigen Vorschriften.

Einige Einzelheiten in der Verordnung zeigen aber auch vergessene oder heute nicht mehr mögliche Verkehrssünden. Man musste auch damals nur diejenigen Delikte verbieten die tatsächlich vorkamen:

„Übermässig schnelles Fahren, Umkreisen von Fuhrwerken, Menschen und Thieren und ähnliche

Handlungen, welche geeignet sind, Menschen oder Eigentum zu gefährden, den Verkehr zu stören, Pferde oder andere Thiere scheu zu machen, sind verboten." Überall dort wo „lebhafter Verkehr" stattfände, „darf nur mit mässiger Geschwindigkeit gefahren werden", ebenso an unübersichtlichen Stellen wie Einfahrten, Brücken und so weiter. Beim Bergabfahren und an unübersichtlichen Stellen sei es „verboten, beide Hände gleichzeitig von der Lenkstange oder die Füsse von den Pedalen zu nehmen". Sonst war das freihändige Fahren erlaubt!

Eine „hell brennende Laterne" war bei Dunkelheit und Nebel vorgeschrieben, farbige Gläser daran jedoch verboten. Offenbar motzten also einige Fahrradfahrer ihre „Maschinen" mit farbigen Scheinwerfern auf. Damit die anderen Verkehrsteilnehmer von dem schnellen Flitzer Kenntnis bekamen, hatte der Fahrradfahrer „entgegenkommende, in der Fahrtrichtung stehende oder die Fahrtrichtung kreuzende Menschen, insbesondere auch die Führer von Fuhrwerken, Reiter, Treiber vom Vieh u.s.w. durch deutlich hörbares Glockenzeichen rechtzeitig auf das Nahen des Fahrrades aufmerksam zu machen. [...] In gleicher Weise ist das Glockenzeichen zu geben vor Strassenkreuzungen [...] Mit dem Glockenzeichen ist sofort aufzuhören, wenn Pferde oder andere Thiere dadurch unruhig oder scheu werden. [...] Zweckloses oder belästigendes Läuten ist zu unterlassen."

An unübersichtlichen Stellen, Einengungen und Kreuzungen war überholen verboten.

Vorfahrt hatten grundsätzlich „geschlossen marschierende Truppenabtheilungen, königliche und prinzliche Equipagen, Leichen- und andere öffentliche Aufzüge" sowie Post, Feuerwehr und Straßenreinigung. Der Radfahrer hatte eine Radfahrkarte, eine Art Führerschein, mitzuführen. Ausgenommen hiervon waren Uniformträger im Dienst.

Fahrkarte

auf das Jahr 190_1_

zum Fahren auf dem Fahrrad

für

den ~~Dampfschiffbesitzer Herrn~~

~~Wilhelm Schulze~~

wohnhaft _Stralau_

Stralau den _12. August_ 1_9_0_1_

~~der Amts-Vorsteher~~

Unter falscher Flagge

Das ist die Geschichte von dem Ingenieur Friedrich Eduard Hoffmann und Herrn Maurermeister Arnold. Beginnen wir mit dem Fürstenwalder Maurermeister Arnold. Herr Arnold wurde während der Revolution von 1848 in der Stadt bekannt. Er stand an der Spitze des Gewerbevereins. Dieser Verein war eine politische Partei, welche von der Polizei als links und demzufolge als gefährlich eingestuft wurde. Die Versammlungsfreiheit des Vereins wurde teilweise sogar durch Militär eingeschränkt. Noch Jahre später hatte man dem Buchbinder Uttech die Herausgabe einer Zeitung verweigert, weil dieser einmal Umgang mit Herrn Arnold pflegte! Maurermeister Arnold war aber auch ein erfolgreicher Unternehmer und betrieb unter anderem eine Ziegelei. (68) Zu dieser Zeit wurden die Ziegelöfen zuerst mit Rohlingen gefüllt, dann wurde gebrannt und zum Schluss das Brenngut entnommen. Das war umständlich, kostete viel Brennmaterial und es war vor allem diskontinuierlich. Arnold erfand einen ringförmigen Ofen, in welchem kontinuierlich produziert werden konnte. An einer Stelle wurden fertige Ziegel entnommen, während ungebranntes Material eingesetzt wurde. Dieser Ofen wurde schon 1839 am Ufer der Spree, nahe der Schleusen gebaut. Viel später, wohl in den 1860er Jahren, baute er den Ofen um, weil er nun auch Brennkapazitäten für Keramik, wohl Baukeramik, benötigte.

Bereits 1776 war von einem Herrn Müller dem Oberbaudepartement in Berlin einen kontinuierlich produzierender Ofen vorgeschlagen worden. (69) Etwas später konstruierten andere Ziegeleibesitzer ähnlich arbeitende Ziegelöfen – Weberling 1840, Gibbs 1840 und 1856, Pèclet 1843, Broginart 1844 und Maillé 1857.

Friedrich Hoffman baute auf diesen Anregungen auf und ließ sich den sogenannten „Hoffmannschen Ringofen" 1858 erstmals patentieren. Das Fürstenwalder Exemplar eines Ringofens hat er nach eigenen Angaben nicht gekannt. Vielleicht kannte er aber Dinglers Polytechnisches Journal, in dem der Arnold´sche Ringofen beschrieben wurde und in dem erläuternde Schnitte und Grundrisse abgebildet waren. Der Hoffmann´sche Ringofen wurde ein fester Begriff und nach dem Hoffmann´schen System entstanden bald Hunderte Ringöfen. Ingenieur Hoffmann ließ sich als Erfinder des Systems feiern.

Zwölf Jahre nach der ersten Patenterteilung regt sich Widerstand. Die Patente wurden durch den Privatbaumeister Paul Loeff aus Berlin angefochten, denn den ersten kontinuierlich brennenden Ziegelofen hatte Arnold in Fürstenwalde geschaffen. Im August meldete die Deutsche Bauzeitung die Aufhebung der Hoffmann´schen Patente vom 27.5. 1868 für Preußen und vom 22.5.1860 für Kurhessen. (70)

In der Fachpresse äußerte Baumeister Lämmerhirt

Die Ziegelei von Arnold um 1845

1872 Unmut über diese Entscheidungen. Der Hoffmann´sche Ringofen sei in fast dreißig Jahren zu einem festen Begriff geworden und er sei auch besser als der Arnold´sche. Das verwundert nicht, konnte Hoffmann doch auf verschiedene Vorbilder zurückgreifen. In einer Fülle technischer Details versuchten Lämmerhirt und andere, Hoffmann nachträglich als alleinigen Erfinder des Systems zu rehabilitieren. Daraufhin brachte es der Diözesanbaurat A. Prokopp aus Wien mit einem Vortrag und einer Notiz in der Fachpresse auf den Punkt: Hoffmann ist nicht der „Erste einzige und wirkliche Erfinder" des Ringofens. Arnold in Fürstenwalde habe mit einem selbst konstruierten Brennofen erstmals den kontinuierlichen Brand praktiziert. Hoffmann habe den Ringofen optimiert und hervorragend vermarktet. (71)

Der Erfinder und linke Unternehmer Arnold wurde 1873, nicht zuletzt auch wegen diverser wohltätiger Stiftungen an seine Stadt, Ehrenbürger. (72)

Maurermeister Carl Gottfried Arnold,
15.3.1807–16.6.1876

Der Fürstenwalder Volksfreund

Am 1.1.1850 erschien in der Stadt Fürstenwalde eine neue Zeitung vom Buchbinder Uttech, der Fürstenwalder Volksfreund. (73) Der Druck des aufrührerischen Blattes wurde von den Behörden verboten. Diese Bestimmung war von Uttech leicht zu umgehen. Er setzte die Zeitung nur noch und ließ sie außerhalb, in Berlin, drucken. Vorsichtshalber wurde die Zeitschrift in „Gewerbe- und Intelligenz–Blatt für Fürstenwalde und Umgegend" umbenannt. Der Druck außerhalb war umständlich und sollte möglichst bald wieder nach Fürstenwalde zurückkehren. Eine Druckpresse wurde wieder aufgestellt. Gerade jetzt aber, im Jahre 1850, gab es neue Gesetzlichkeiten. Uttech benötigte nun eine Konzession für die Buchdruckerei. Diese verwehrte ihm die Frankfurter Regierung mit einem Schreiben vom 25.6.1850. Der Fürstenwalder Volksfreund habe den „Tendenzen der Demokratie" gedient und Uttech selbst habe 1848 im Fürstenwalder Gewerbeverein „aufregende Vorträge" gehalten und sich „ganz dem Einfluß des Fürstenwalder Abgeordneten zur Nationalversammlung Arnold hingegeben". Auch in jüngerer Zeit waren aufmüpfige politische Artikel erschienen. Vor allem aber mit dem Roman „Das Garnisonleben" hätte Uttech die schon bestehende Kluft zwischen Fürstenwalder Bürgern und dem Offizierscorps zu erweitern gesucht. Die Erblindung des Uttech sei kein Grund „ihm sein Fortkommen zu erleichtern". Im Gegenteil, Uttech könne durch seine Blindheit nicht mehr die erforderliche Kontrolle über seine Mitarbeiter ausüben.

Von Winter, der dieses Gutachten erstellt hatte, fragte bald bei der Stadt nach, ob Dr. Uttech das Druckgewerbe noch betriebe und was geschehen sei um ihn an dem weiteren Betrieb desselben zu hindern.

Unvermittelt wurde Dr. Uttech am 20.8.1850 von der Regierung der Postvertrieb der Zeitung wieder gestattet. Schon zwei Tage später zeigte ihn Schubert, der Inhaber und Redakteur der Fürstenwalder Zeitung, bei der Regierung an. „Das erwähnte Blatte wird alle

Fürstenwalder

Volksfreund.

N: 1. Dienstag, den 1. Januar **1850.**

Bestellungen auf den „Fürstenwalder Volksfreund," welcher Mittwoch und Sonnabends in jeder Woche erscheint, nehmen alle Königl. Postämter und die Uttechsche Buchhandlung hierselbst an.
Abonnements-Preis vierteljährlich 10 Sgr. Inserate, pro Zeile 1 Sgr., für Abonnenten 6 Pf., werden in der Uttechschen Buchhandlung entgegengenommen.

Der Volksfreund an seine Leser
am 1. Januar 1850.

Gewerbe-

und Intelligenz-Blatt

für Fürstenwalde und Umgegend.

Bestellungen auf das „Gewerbe- und Intelligenz" welches Blatt ... Sonnabends in jeder ... erscheint, nehmen alle Königl. Postämter und die Uttechsche Buchhandlung hierselbst an.

Redacteur und Verleger: Dr. C. Uttech.

Abonnements-Preis vierteljährlich 10 Sgr. Inserate à Zeile 1 Sgr., für Abonnenten 6 Pf., werden in der Uttechschen Buchhandlung entgegengenommen.

N: 1. Mittwoch, den 3. Juli **1850.**

Diese Zeitschrift wird, mit Ausschluß der politischen und socialen Fragen, Aufsätze gewerblichen und populair-wissenschaftlichen Inhalts, sowie ansprechende belletristische Beigaben und Mittheilungen aus dem Communalleben, nebst den amtlichen und Privatanzeigen, enthalten.

Ueber die Waldwolle.

Zweiter Jahrgang.

Märkisches Wochenblatt.

Bestellungen auf das „Märkische Wochenblatt," welches Mittwoch und Sonnabends in jeder Woche erscheint, nehmen alle Königl. Postämter und die Uttechsche Buchhandlung in Fürstenwalde an.

Redacteur und Verleger: Dr. C. Uttech.

Abonnements-Preis vierteljährlich 11 Sgr. Inserate à Zeile 1 Sgr., für Abonnenten 6 Pf., werden in der Uttechschen Buchhandlung entgegengenommen.

Donnerstage Abend gesetzt, mit dem Fuhrmann Puhlmann nach Berlin geschickt und dort bei Jancke gedruckt. Letzterer liefert das Blatt des Sonnabends früh hier ein, mithin nimmt Uttech das Verbot nicht zu drucken wörtlich." Uttech hätte vor, sich eine Konzession über Strohmänner zu erschleichen. Die abschließenden Worten Schuberts deuten auf den eigentlichen Grund dieser Anzeige: „Geschieht hierselbst eine zweite Etablierung, so bin ich ganz und gar ruiniert. Nur durch Ew. Hochwohlgeborenen Einfluß ist es mir möglich, hier ferner zu bestehen. Versagen mir Hochdieselben meine geneigte Bitte nicht daß eine zweite Druckerei hierher nicht komme."

Am 17.4.1854 ersuchte Uttech erneut um die Konzession. Die Regierung in Frankfurt/Oder lehnte das Gesuch wegen der Erblindung Uttechs am 27.6.1854 rundweg ab.

Dennoch erhielt er schon am 4.12. 1854 von der Stadt Fürstenwalde die so lange ersehnte Genehmigung. Unter der Voraussetzung eines bestätigten Geschäftsführers durfte er eine Druckerei betreiben. Der Gehilfe Rudolf Müller legte dazu ein entsprechendes Qualifikationsattest vor.

Die aufmüpfige Zeitung selbst ist nicht gesammelt worden. Sie war dazu wohl doch nicht bedeutend genug. Nur in den Akten der Zensurbehörde finden sich noch einzelne Exemplare. (74)

Straßenbau

Fürstenwaldes Stadtgraben diente nicht nur der Verteidigung der Stadt, sondern auch der Regenentwässerung. Am Anfang des 19. Jahrhunderts war der Stadtgraben noch überall als solcher erkennbar. Es galt unter Kindern als Mutprobe, im Stadtgraben unter der alten Brücke am Müncheberger Tor von einer Seite zur anderen zu gehen. Das stehende Wasser soll an dieser Stelle recht stark gerochen haben und spuken tats auch. Wenige Jahre später verlief ein großer Teil des Grabens in einem ausgemauerten Bett. Es dauerte wiederum nicht all zu lange, bis Teile des selben mit einem Gewölbe „gedeckelt" waren.

Fürstenwalde bekam 1904 eine zentrale Wasserversorgung und ein Abwasserkanalnetz mit Kläranlage. In dieses Abwassersystem wurden schon vorhandene Rohrleitungen und der Stadtgraben einbezogen. Kompliziert gestalteten sich die Schachtarbeiten für den Abwasserkanal im Bereich des ehemaligen Müncheberger Stadttores. Der Baubetrieb begründete eine Bauverzögerung mit den alten Torfundamenten, welche nur schwer zu durchbrechen waren. (75)

Der Stadtgraben verlief an dieser Stelle bereits unter der Erde. Hier gab es auch einen Geländesprung zwischen der alten hochliegenden Fahrbahn über die Brücke und dem ehemaligen Stadtgraben. Bei den Bauarbeiten beseitigte man die steile Stelle durch die Anschüttung von Sand. Dabei gab es Probleme mit einer Feilenhauerwerkstatt. In der Fürstenwalder Zeitung heißt es am 8. Mai 1908: „Bekanntlich befindet sich der Feilenhauer Herr Neugebauer, Alter Schützenplatz 10 seit mehreren Jahren in Betreff der Straßenregulierung und des Kanalisations–Anschlusses mit der Stadt-Verwaltung in einem Streit, da Herr N. sich geweigert hat, jegliche Kosten, die ihm durch die Auffüllung und Erhöhung der Straße am alten Schützenplatz nach der Berliner Straße zu resp. des damit verbundenen Kanalanschlusses entstehen, zu übernehmen. Am Dienstag, den 5. Mai d. J. hat nun Termin vor dem Oberverwaltungsgericht zu

Charlottenburg stattgefunden, zu welchem auch Herr Erster Bürgermeister Zeidler als Vertreter der Stadt geladen war. – Wie uns hierzu berichtet wird, können wir unter Vorbehalt alles Näheren mitteilen, dass es Herrn Neugebauer gelungen sein soll, ein obliegendes Urteil zu erzielen und wären danach die sämtlichen Kosten, sowohl die gerichtlichen als diejenigen, die Herr N. durch Regulierung seines Hofes, Haustüren, Neuherstellung und Umbau des Hausflures, Aufsetzen bzw. Erhöhen der Stallungen, Lichtschaffung der Kellerräume (Feilenhauerwerkstatt liegt im Keller), Keller–Eingänge etc. entstehen, zu tragen." (76)

Spritzenprobe

Für die Mitte des 19. Jahrhunderts gibt es bemerkenswerte Berichte zur Feuerwehr.

Der eine Bericht wurde in der Tagespresse veröffentlicht und beschreibt eine merkwürdige Feier. Die dienstälteste Spritze, Spritze Nr. 1, wurde im April 1863 stolze 100 Jahre alt! (77)

Nach den Jugenderinnerungen eines Fürstenwalders stand es mit den Schläuchen nicht zum Besten. Jedenfalls war es für die Schuljungen immer ein Ereignis, bei den Spritzenproben, einer Funktionsprüfung, zuzusehen. An den verschiedensten Stellen gab es bei den löchrigen Schläuchen Fontänen. Da konnte man um die Anzahl wetten. (78)

Eine dritte Beschreibung betrifft den Ernstfall:

„Brach in der Nacht Feuer aus, so wurde die Bürgerschaft durch Tuten der Nachtwächter und das Läuten der Sturmglocke erweckt, und man suchte der allgemeinen Finsterniß dadurch abzuhelfen, dass in den Häusern hi und da ein Licht an das Fenster gestellt wurde. Bei jedem Straßenbrunnen stand ein Wasserfaß auf einer Schleife, im Sommer stets mit Wasser angefüllt. Waren die Spritzen und Mannschaften, aus jungen Bürgern bestehend, zur Stelle, so wurden die Wasserfässer von Pferden herangeschleift, die Spritzen gefüllt und dem Feuer mit dem Schlauch durch den Spritzenmeister zu Leibe gegangen. Das hatte aber gewöhnlich so lange Zeit in Anspruch genommen, dass man höchstens die Nachbargrundstücke zu schützen im Stande war, während das brennende Gebäude niederbrannte. Mit dem Commando auf der Brandstelle war es auch nie klar, einheitlich war es nicht, jeder Rathmann commandierte, so daß die Spritzenmeister oft nicht wussten, wem hören; sie hätten jedenfalls bei selbständiger Ausführung den Brandherd viel besser gefunden und wirksam eingreifen können. Aber es war schon früher so: Wem Gott ein Amt gibt, dem gibt er auch Verstand." (79)

Die erste Droschke der Stadt

„Die erste Droschke hielt nach Eröffnung der Berlin-
Frankfurter Bahn 1842 der erste Bahnhofsrestaura-
teur, der hiesige Conditor Grebin in der Herrenstraße,
jetzt christliche Herberge, wohnhaft. Ihm war auch
erlaubt worden, die leere Droschke des Nachts unter
dem Rathausbogen zu bewahren. Der Nachtwächter
hatte bald herausgefunden, dass die Polstersitze sehr
geeignet seien, ein wenig der Ruhe zu pflegen. Lockere
Vögel hatten sich in einer Nacht den Spaß gemacht, die
Droschke mit dem schlafenden Wächter vor das Haus
des Bürgermeisters zu fahren und dort stehen zu lassen." (80)

Ein Beitrag zum Denkmalsfonds

Am 3.7.1874 gründete sich in Fürstenwalde ein Kriegerverein. (81) In der Sitzung vom 4.8.1881 wurde die Errichtung eines Kriegerdenkmals angeregt, welches an die Kriege der Jahre 1864 gegen Dänemark, 1866 gegen Österreich und den Deutsch-Französischen Krieg 1870/71 erinnern sollte. Der weitere Gang der Dinge war der in dieser Zeit übliche. Es gab patriotische Veranstaltungen zugunsten des Denkmalsfonds, diverse Spenden, Streit um den Standort, erste Denkmalsentwürfe und endlich eine Ausschreibung. Bezüglich der daraufhin eingereichten Entwürfe heißt es in der Zeitung: „Wahrhaft ungeheuerliche Ideen sind da aufgetaucht und beweisen zum tausendsten Male, wie geduldig Papier ist." Allzu moderne Entwürfe wurden wohl abgelehnt. Gewählt wurde nach Meinung des Reporters etwas Durchschnittliches: eine Germania umgeben von Vertretern der Waffengattungen. Diese Idee sei nicht neu und der Faltenwurf bei der Germania verbesserungswürdig. Unter den nicht prämierten aber bemerkenswerten Entwürfen war ein Denkmal, „einen sterbenden Ulanen darstellend, dem von einem Aar die Friedenspalme dargereicht wird". Am 5. Juli 1887 wurde das Denkmal feierlich eingeweiht.

Außergewöhnlich an dem ganzen Ablauf war ein Verein, welcher zum Besten des Denkmalsfonds gegründet wurde. Der Verein nannte sich Begrüßungsverein und rief zu einer ersten Sitzung am 23. Mai 1885 auf:

„Aufruf! Alle männlichen Bewohner unserer Provinzstadt, welche dem Civilstande angehören und mehr oder weniger reich an Bekannten und Freunden im Orte sind, empfinden es längst als eine der unangenehmsten Belästigungen, bei gegenseitigen Begrüßungen auf belebten Promenaden oder in den Straßen fortwährend den Hut schwenken zu müssen, gleichviel ob bei Sturm und Regenwetter, oder ob man am Arm seiner teuren Hälfte sich ergeht. Zur Beseitigung dieses Übels suchte man nach Abhilfe ohne Beeinträchtigung der gegenseitigen Höflichkeit und entschloß sich zur Gründung eines Vereins, der das Angenehme mit dem gemeinnützigen Zweck in allgemein befriedigender Weise verbindet. Alle Mitglieder dieses Vereins nehmen fortan den militärischen Gruß an und zahlen gegen Quittung einen jährlichen Beitrag zum Fond für die Errichtung des Kriegerdenkmals, und tragen als Erkennungszeichen eine kleine kornblumenblaue Rosette im Knopfloch als Legitimation namentlich dem schönen Geschlecht gegenüber."

Über diese erste Versammlung lesen wir, dass sie schwach besucht war und „von vielen nicht richtig aufgefaßt" wurde. Es solle der „alte Zopf" des Hutschwenkens abgeschafft werden und es wäre gut wenn die städtische Prominenz dem Verein beitreten würde. Die Prominenz trat dem Verein aus guten Gründen nicht bei. Die Militärs hätten es wohl nicht gerne gesehen wenn ihr Gruß durch Zivilisten „entwürdigt" würde. Auch innerhalb der bürgerlichen Gesellschaft stellte der militärische Gruß unter Zivilpersonen sicher eine Unschicklichkeit dar. Über die nächste Versammlung am 6. Juni lesen wir nichts mehr in der Zeitung. Der Verein ging bereits mit seiner zweiten Versammlung wieder ein.

Einquartierung

In Kriegszeiten quartierten sich die Besatzer in den Bürgerhäusern ein. Manchmal entstanden hinterher Schadenslisten und andere Statistiken. Seltener wurde das persönliche Erleben notiert. Eine solche seltene Beschreibung liegt uns von Daniel Friedrich Ludwig Hamann aus der Franzosenzeit vor. Es handelte sich dabei um kein gewöhnliches Bürgerhaus, sondern das Amt in Fürstenwalde. Der Amtmann des Domänenamts vertrat sozusagen den preußischen Staat und verwaltete die Staatsgüter wie z.B. die königlichen Mühlen oder die Amtsbrauerei. Als die Franzosen zu Beginn des 19. Jahrhunderts nach Fürstenwalde kamen, war der Berichtende ein großer Junge und befand sich mit seiner Mutter in Frankfurt Oder.

„So entgingen wir Beide also dem wüsten Treiben der Einquartierung im eigenen Hause und erfuhren nur durch unsere Lieben, wie sie von den unverschämten Feinden zu leiden hatten, deren Launen fast kaum zu befriedigen waren und deren Ansprüche ins Grenzenlose stiegen. Meine Schwester mag sich in ihrer Jugend und Unerfahrenheit oft kaum zu helfen gewußt haben, wenn der um 10 Uhr morgens ausgegebene Kuchenzettel des Obristen Dornes vom 12. Kürassier-Regiment, das hier Monate lang cantoniert bis zum Diner um 3 Uhr die unmöglichsten Dinge befahl. Verschiedene Boten waren fortwährend unterwegs, um aus den Sächsischen Landen, wo die Franzosen nicht hausten, das hier Fehlende herbeizuschaffen. Denn welche Folgen eine einzige Mahlzeit haben konnte, welche nicht nach dem Geschmack des gestrengen Herrn Obristen war, mußte man leider erfahren, als ihm ein Mal eine Bouillon nicht behagte – am anderen Morgen erschienen 6 Kürassiere, die zur Strafe auf dem Amte einquartiert wurden! Da dasselbe aber schon übermäßig belastet war und mein armer Vater nicht mehr wußte, wie er all diese Menschen mit ihren Ansprüchen satt machen sollte, so setzte [Bruder] Gottfried, der gerade zum Besuch hier war, einen ebenso höflichen als energischen Brief in fließender französischer Sprache an den Obristen Dornes auf, durch welchen es ihm gelang, die unverdiente harte Strafe vom Haupte des Vaters abzuwenden. [...] Am schlimmsten traten die eben genannten Französischen Kürassiere auf, die vom 30. Dezember 1807 bis 20. Juni 1808 unsere Gäste waren! Lange genug um den Wohlstand so manchen Hauses zu untergraben! Während Obrist Dornes auf längeren Urlaub war, kam der Obristlieutenant Lecay als sein Vertreter zu uns ins Quartier, in Allem das Gegentheil des gefürchteten Vorgängers; er ließ seine äußerst liebenswürdige Frau auf mehrere Wochen herkommen und freundete sich so mit meinem Vater an, dass dieser sich eine Siluette von ihm schneiden ließ, welche noch heute in meinem Besitz ist. Vor den Kürassieren, im Sommer 1807 standen Württemberger nur 8 Wochen hier, mit denen es sich schon besser auskommen ließ und wenn sie sich auch stets als unsere Feinde betrachteten, ja einer von ihnen sogar wagte, meinem Vater zu sagen: 'Euer König is a Wasserkopf' so wurde ihm darauf die gebührende Antwort zu Theil. [...] Von den oben genannten Württembergern hatten wir bei uns auf dem Amte den Feldzeugmeister von Kammerer und einen Obristen Theobald vom Generalstab, der später viele Romane von Walter Scott übersetzte. Mit diesen Herren war ich persönlich sehr gut Freund; sie mochte wohl auch Mitleiden für mich empfinden, da ich meine Mutter verloren hatte [...] Sehr deutlich erinnere ich mich noch der Gefangenen, welche bei der Capitulation von Glogau [7.12.1806 F. W.] den Franzosen in die Hände gefallen waren und auf ihrem Durchmarsch hier in das leere Magazin eingepfercht wurden, um die Nacht ohne Stroh auf der bloßen Diele zu verbringen. Großen Eindruck machte es mir, dem neugierig Zuhörenden, als den Soldaten am andern Morgen verkündet wurde, wer etwa von polnischer Nationalität sei, und gewillt unter der Fahne des Polenkönigs gegen Preußen zu kämpfen, der sei aus der Gefangenschaft entlassen. Ich sehe sie noch vor mir, all die jungen Polen, die sich jetzt meldeten, zu einem Ganzen geordnet wurden, einem Führer übergeben und mit diesem in ihre

Heimath gesandt. Einer von den anderen Gefangenen erregte unser Mitgefühl aufs Höchste - er erschien am Abend geheimnißvoll, so gut wie möglich durch den Mantel verhüllt, plötzlich in unserer Hinterstube und verlangte, hastig und verstört sprechend, eine Unterredung mit dem Vater. Dieser nahm ihn in das andere Zimmer, verhandelte lange, und geheimnißvoll mit ihm und – wir sahen den jungen Mann niemals wieder. Ob ihn Vater im Hause versteckt, bis die Truppen fort waren, ob er ihn auf andere Weise geholfen – darüber zerbrachen wir uns vergebens die Köpfe, haben nicht einmal seinen Namen erfahren!

Später auf ihrer eiligen Flucht von Rußland, passierten die Franzosen noch ein Mal unsere Stadt und für kurze Zeit beherbergte Meines Vaters alter ererbter Schrank (Eiche) die Kriegskasse von Napoleon wodurch das ehrwürdige Spind in unseren Augen historischen Werth erhielt." (82)

Zu dem letzten Abschnitt bleibt zu sagen, dass es sich um die Kriegskasse von Prinz Eugen Napoleon, Vizekönig von Italien handelte, welcher mit 68 Generälen und vielen Stabsoffizieren im Amt logierte. (83)

Die Neuen Häuser

Im Jahr 1772 wurde die Stadt aufgefordert, einen Platz für eine neue Kolonie nachzuweisen. Dem Magistrat war klar, dass die Häuser für die fremden Siedler wieder auf städtische Kosten zu errichten waren. Es stand aber ohnehin kein geeigneter Platz zur Verfügung. Deshalb kam der Minister Michaelis selbst nach Fürstenwalde, um einen solchen Platz persönlich auszusuchen. Er fand eine Stelle am sogen. Sauanger, dicht an der Spree und „am Wege nach dem Hangelsberg". Der Platz reichte für vier Doppelhäuser, d.h. für 8 Familien. Das Gelände war im Frühjahr häufig überschwemmt. Deshalb musste noch ein besonderer Graben zur Entwässerung geschaffen werden. Am 9. August 1775 wurde der Bau abgenommen. „Nach und nach wurden diese Häuser mit Damastwebern und anderen Ausländern aus Sachsen besetzt, [...] Die Damastweber erhielten noch übrigens 900 Thaler Unterstützungsgelder zum Anfang ihres Geschäfts." (84) Diese Summe reichte den neuen Siedlern nicht und sie beantragten weitere finanzielle Unterstützungen. Bereits 1776 wurde ihnen mitgeteilt, dass fortan mit keinen weiteren Zahlungen zu rechnen sei. „Armselig kamen die Kolonisten hier an, und obwohl sie von ihrem Fleiß und Geschicklichkeit viel Aufhebens machten, so zeigte es sich doch bald, dass sie keine Lust zur Arbeit hatten, und nur gekommen waren, von der königlichen Gnade als Faulenzer zu leben." (85) Angeblich sollen sie den König, den Alten Fritz, als er zur Parade nach Schlesien fuhr, dennoch um weitere Unterstützung gebeten haben. Einige Zeit danach liefen die Kolonisten davon. Nur zwei verblieben in Fürstenwalde und verdingten sich als Tagelöhner. Die Häuser fielen wieder an die Stadt. Bis in das 20. Jahrhundert hinein bezeichnete sie der Volksmund als die „Neuen Häuser".

Magistratsfischerei

In Zeiten knapper Kassen sieht man es nicht gerne, wenn die Obrigkeit feiert. Veranstaltungen, die eigentlich dem eigenen Vergnügen dienen, müssen in solchen Zeiten entweder unterbleiben, nebenher einem mildtätigen Zweck zugute bekommen oder sich wenigstens scheinbar selbst finanzieren.

Der Fürstenwalder Magistrat ging angeln. Über das erste Magistratsfischen im Jahre 1706 wissen wir, dass es am Trebuser See stattfand, welcher zur Stadt gehört. Der Wert der gefangenen Fische belief sich auf 5 Taler, während die Unkosten 15 Taler betrugen.

Das zweite Magistratsfischen war eine Eisfischerei und fand am 12. und 13 März 1726 ebenfalls auf dem Trebuser See statt. Es wurden zu diesem Zweck Fischer aus Berkenbrück angestellt, welche mit „großem Garn" fischen sollten. Das Ergebnis war trotz professioneller Arbeit niederschmetternd. Man fing nur drei Gerichte Fische! Die Ausgaben dürften gegenüber 1706 dagegen kräftig gewachsen sein.

Zwei Tage „ergötzte" man sich auf dem Herrenhof von Trebus mit allen Offizieren der Garnison „an Speise und Trank und einem Pfeifchen Taback". (86)

Der Oberbürgermeister

Die Stadt Fürstenwalde gehörte zum Kreis Lebus, war also nicht kreisfrei. Einen höheren Titel als „Bürgermeister" gab es deshalb nicht bei den Mitarbeitern der Stadt. Seit 1896 bekleidete dieses Amt der Jurist Friedrich Zeidler. Seinem stetigen Aufwärtstreben setzte das einen Schlusspunkt. An einen höheren Posten anderenorts war nicht zu denken. Ein pompöser Titel für die gleiche Tätigkeit, das wäre schön. Es ist auffällig, dass F. Zeidler seine Anordnungen stets mit „Erster Bürgermeister" unterzeichnete, denn seinen Amtsvorgängern reichte der schlichte „Bürgermeister".

1909 war es dann geschafft: Kaiser Wilhelm II. verlieh ihm den Titel „Oberbürgermeister", den es in Fürstenwalde eigentlich nicht gab. Das kostete nichts und alle waren zufrieden. Innerlich wurmte es aber doch den einen oder anderen. Für die hohe Gunst hatte es nämlich eine Gegenleistung gegeben, die manchem Bürger und vielen Militärs weh tat. Anlässlich des 100. Jahrestages der Garnison schenkte Zeidler zwei alte Fahnen der Fürstenwalder Ulanen dem Kaiser. Die Fahnen verließen Fürstenwalde, wo sie lange Zeit im Dom oder im Rathaus zu sehen gewesen waren, und kamen ins Zeughaus.

Am 10.11.1918 wurde der „Oberbürgermeister" vom Arbeiter- und Soldatenrat abgesetzt.

Erst zwei Tage danach kam die Weisung vom Land, dass die Bürgermeister ihre Posten behalten sollten.

Friedrich Zeidler war jedoch ein besonderer Fall. Der Unmut war so groß, dass er genötigt wurde im Mai 1919 vorzeitig das Amt niederzulegen. Ein Jahr später verstarb er in Fürstenwalde. (87)

Schwarzbrennerei

Über Umwege, aber letztendlich über das ehemalige Bistum Lebus, war sowohl das Amt in Fürstenwalde, also die Verwaltung der Landesgüter, als auch die Stadt zu Kalkbrüchen in Rüdersdorf gekommen. Das Amt konnte im 17. Jahrhundert seinen Bruch unbeschränkt ausbeuten und betrieb deshalb an der Spree in Fürstenwalde einen Kalkbrennofen. Fürstenwalde durfte seinen nur für den Eigenbedarf nutzen. Im Jahr 1664 und 1666 wurden Ausnahmen genehmigt.

1666 heißt es „Die Stadt Fürstenwalde hat churfürstliche Concession erhalten, auf 2 Jahre den gebrannten Kalk an Fremde zu verkaufen und davon die Mauer und gemein Gebäude der Stadt zu renoviren, und wird in diesem Abschied dabei geschützt." (88)

Letztendlich sollten die Einnahmen nur zur Werterhaltung städtischer Bauten dienen. Ab 1668 war der Verkauf von Kalk durch die Stadt nicht mehr gestattet. Da niemand kontrollierte, dachte die Stadt jedoch nicht daran, mit dem guten Geschäft aufzuhören. Erst 1674 fiel den Landesbehörden diese Übertretung auf. Der Kurfürst befahl mit Schreiben vom 15.1.1674: „daß Sie hinfüro Keinen kalk an Jemanden mehr verkaufen undt dessen nur soviel brennen sollen, alß Sie zu behuf dero Rathhäuser, Kirchen, Schulen und Stadt-Gebäuden vonnöthen haben." (89)

Eine Selbstverständlichkeit

Briefkästen, mit denen man die Post auf die Reise schickt und die, mit denen man seine Post empfängt, sind heute eine Selbstverständlichkeit. Das war nicht immer so. Über die ersten Briefkästen zum Versenden lesen wir in der Fürstenwalder Zeitung vom 31.1.1866: „Vom 1. Februar ab werden in hiesiger Stadt 2 Briefkasten aufgestellt sein; der Eine in der Mühlenstraße am Hause des Hrn. Posthalter Wobring, der zweite in der Eisenbahnstraße am Hause des Hrn. Rathm. Krüger. Die Leerung dieser Briefkasten sowie des schon in der Amtskolonie befindlichen wird täglich viermal erfolgen, und zwar in der Zeit von ½ 9 - 9 Vm., ½ 3 - 3 Nm., ½ 5 - 5 Nm. und ½10 -10 Abds. Durch Stundenplatten werden diese Zeiten noch besonders markiert werden. Hierbei wird darauf aufmerksam gemacht, dass nur gewöhnliche Briefe, die durch Marken oder Couverts f r a n k i e r t, oder u n f r a n - k i e r t sind, in die Briefkasten gelegt werden dürfen, ebenso auch Kreuzbände. Die Briefträger haben stets Couverts und Marken bei sich. Das Correspondierende Publikum wird schließlich noch ersucht, die Briefkasten in der gestatteten Weise möglichst zu benutzen." (90)

„Kohlensaure Jungfrau"

Um 1870/1880 gab es zwischen dem Stadtkern und der Eisenbahn nur wenige Gebäude, meist Scheunen. Die meisten Bauten werden, wie der sogenannte Schustersche Gatshof, als hässlich beschrieben. Hier, vor dem ehemaligen Müncheberger Tor, liefen die Straßen in alle Richtungen auseinander. Es entstanden dreieckige Flächen, die seinerzeit alle von Bäumen umsäumt waren.

„Die Fürstenwalder wunderten sich nicht wenig, als an der Spitze des einen Baumdreiecks nach der Eisenbahnstraße zu, die Zimmerleute eines Tages sich anschickten, dort einen 'Pavillon' zu errichten. Der Dr. chem. Ziegel, der in der Herrenstraße eine Mineralwasserfabrik besaß, suchte seinem Fabrikat einen größeren Absatz zu verschaffen und richtete in diesem Pavillon einen Ausschank ein. Die Idee war gar nicht übel, so etwas war hier noch nicht dagewesen. Und wie alles Neue meist immer einen gewissen Anklang findet und man über den 'Unternehmungsgeist' des Herrn Dr. gar nicht aus dem Staunen kam, so gingen viele hin, die sonst wohl dem Genusse des Selterwassers ferngestanden, und machten die Mode mit, um so mehr da der weitschauende Dr. richtig kalkulierend eine sogenannte 'kohlensaure Jungfrau' in der Halle installiert hatte, die trotz ihrer stereotypen Frage: 'Mit oder ohne?' namentlich auf die männliche Jugend eine große Anziehungskraft auszuüben imstande war. – Diese Trinkhalle hielt sich längere Jahre, mußte aber dann, als die Bäume abgeholzt und das Terrain geebnet wurde abgebrochen werden." (91)

Schultzes Unsinn

An der Spree, westlich der Stadt hinter dem sogen. „Sauanger" und den vier „Neuen Häusern", die 1775 gebaut worden waren, verlief ein Weg, die „Lange Bahn". Im Jahre 1836 begann der Tuchfabrikant und Ratmann Christian Friedrich Schultze in seiner Eigenschaft als Heideherr, diesen Weg zu gestalten. Es entstand eine Parkanlage mit reizvollen Aussichten zur Spree. Die Fürstenwalder Bürger standen verständnislos vor dem Projekt. Was soll das? Natur genießen? Die hatte man überall vor der Stadt und viele Leute arbeiteten in der Natur. Das neue Kleid der Frau Amtsrätin oder Frau Bürgermeisterin sehen? Das hätte man spätestens beim Kirchgang betrachten können. Die sogenannten Anlagen hießen im Volksmund sofort „Schultzes Unsinn".

Zehn Jahre später sah das schon ganz anders aus. Unangefochten von seinen Mitbürgern legte der Heideherr Heyseler dort eine Eichenallee an. Der Park dehnte sich immer weiter aus und nimmt inzwischen ein Vielfaches der alten Anlagen ein. Sehen und gesehen werden und sich dabei von der immer anstrengender werdenden Arbeit erholen, das bekam mit der Zeit einen größeren Stellenwert. Erst nach der Mitte des 19. Jahrhunderts wurde der Wert der Anlagen und der Weitblick des Heideherren Schultze erkannt. (92)

Ordnung muss sein

Die Ehe hatte in früheren Zeiten eine größere ökonomische Bedeutung. Es ist sogar ein Fall bekannt, bei dem ein Vater mit Bütteln vor den Altar gezerrt wurde und ein Bediensteter der Obrigkeit für ihn das "Ja-Wort" sprach. Damit wurde er gezwungen, die Magd und das mit ihr gezeugte Kind zu versorgen. Zu so schlimmen Fällen kam es in Fürstenwalde nicht. Sparte sich ein Paar jedoch die teure Hochzeit, konnte es Ärger geben, denn Ordnung musste sein:

„1672 am 18. Mai ist auf Ersuchen eines Ehrsamen Raths aufm Rathhause in der Rathstube in Gegenwart des ganzen Raths, des Gerichts und Verordneten copulieret worden Andreas Wunderlich, ein Bötticher, und Anna Scheicherin, welche beide Personen etliche Jahre hero verlobet in einem Hause beisammen gewesen und die Priesterliche Copulation von Jahr zu Jahr aufgeschoben groß Aergernis gegeben, welches aber auf diese Weise ist aufgehoben worden." (93)

Verweigerer

Es war die Zeit vor dem Bau von Kasernen. Die Bürger waren verpflichtet, je nach Möglichkeit und gegen einen kleinen finanziellen Ausgleich, einen Soldaten aufzunehmen. Der Soldat, in Fürstenwalde der Ulan, hatte Mitte des 19. Jahrhunderts Anspruch auf ein Bett mit Strohsack, Schemel, Tisch und einen Haken für Uniform und Gewehr. Die Aufnahmebereitschaft war je nach den Verhältnissen sehr unterschiedlich. Junge Mädchen wünschten sich sehr einen schneidigen Soldaten in das Haus, am Besten einen Offizier. Manch ein Hausbesitzer sah es auch gerne, wenn der Soldat bei der Hausarbeit mit anpackte. Vielen Bürgern galt es aber auch nur als eine zusätzliche Belastung. (94) In Feiertagsreden wird das nicht genannt. Wir lesen es in der Zeitung, z.B. im Mai 1866:

„Es ist mehrfach vorgekommen, daß ein Quartiergeber die ihnen zugeschriebene Einquartierung mit den Worten zurückgewiesen haben: ‚wir nehmen keine Einquartierung'. Ein solches Verfahren ist unstatthaft und warnen wir davor mit dem Bemerken, dass in solchen Fällen die Unterbringung der Militärs ohne Weiteres auf Kosten der betreffenden Quartiergeber erfolgen wird. Ein gleiches wird geschehen, wenn, wie schon vorgekommen, verpflichtete Quartiergeber sich durch Entfernung aus dem Orte dieser ihrer Pflicht zu entziehen suchen. Ebenso sind bei Feststellung der Miethen für Miethswohnungen mehrfach unrichtige Angaben gemacht und niedrigere Summen deklariert worden, als thatsächlich gezahlt werden. Da die Miethen den Maaßstab für die Bequartierung abgeben, so werden durch dergleichen unrichtige Angaben die übrigen Einwohner benachteiligt, weshalb wir bei Wiederholung solcher Vorkommnisse uns genötigt sehen werden, nicht nur die Bestrafung der Betreffenden zu veranlassen, sondern nach Befinden der Umstände mit doppelter Einquartierung belegen werden." (95)

Gammelfleisch

Importe von Lebensmitteln über den halben Globus,
Gammelfleisch das geschönt und verkauft wird, das
sind Reizthemen unserer modernen globalisierten Welt.
Das meinen wir jedenfalls. Eine Warnung der
Fürstenwalder Polizei vom 6.7.1872 belehrt uns eines
Besseren: „Es sind in neuester Zeit schwach eingesal-
zene Speckseiten aus Amerika über Bremen importiert
und nach einer nachträglichen Räucherung in den
Handel gebracht worden. Durch die mikroskopische
Untersuchung ist in denselben eine große Anzahl von
Trichinen, welche teilweise noch in lebendem Zustande
waren, nachgewiesen worden." (96)

Illegale Jagd

Der Aufbruch in das Industriezeitalter hatte 1865 längst begonnen. Dennoch dienten die Gärten der Bürger keinesfalls der Erholung sondern der Ernährung. Aus der Sicht der Gartenbesitzer stahlen Krähen, Spatzen, Maulwürfe, Feldhasen und anderes Getier die Früchte der Arbeit. Sie mussten vernichtet werden. Dabei ging man so radikal vor, dass es zu Beschwerden und folgender polizeilicher Warnung kam:

„Es ist darüber Beschwerde geführt worden, dass die Bestimmungen des § 345 Nr. 6 des Strafgesetzbuches und die Verordnung der K. Regierung zu Frankfurt a.O. vom 29 Juli 1835, Amtsbl. S. 206, wonach innerhalb der Städte oder an bewohnten und von Menschen besuchten Orten mit Feuergewehr nicht geschossen werden darf, von den Gartenbesitzern vielfach übertreten und das Publikum dadurch gefährdet wird. Demzufolge untersagen wir auf Grund der angezogenen Bestimmungen alles Schießen mit Feuergewehr innerhalb der Stadt und Vorstädte, namentlich auch in den Gärten, und werden gegen etwaige Uebertreter die bestehenden Strafbestimmungen aufs strengste zur Anwendung bringen." (97)

Eisbahn

Schlittschuh fahren war im ganzen 19. Jahrhundert ein großes Vergnügen für beinahe alle Fürstenwalder. Spritzeisbahnen entstanden nicht selten auf Privatinitiative und waren mit Blasmusik und Getränkebuden versehen. Auch auf der Spree tummelten sich in jedem Winter die Schlittschuhfahrer. Bis in die 70er und 80er Jahre des 19. Jahrhunderts saßen dabei manche Damen in Schlitten und ließen sich von Herren schieben.

In den 60er Jahren des 19. Jahrhunderts bildete sich ein „Klub der Schlittschuhläufer" welcher Ausflüge auf der Spree zu den nächsten Ortschaften per Schlittschuh organisierte. Einer dieser Aufrufe ist vom 4.1.1863 und lautet:

„Wenn Wetter und Eis so günstig bleiben, beabsichtigen wir am Donnerstag Nachmittag, in Begleitung von Damen in Schlitten, eine Schlittschuhfahrt nach [der Gaststätte] Paschke resp. Berkenbrück, wozu wir hiermit einladen.

Das Vergnügen ist einzig und bei uns selten. Wenn so der Schlitten, gelenkt von der festen Hand des kundigen Führers, mit der Schnelligkeit des Bahnzuges auf der spiegelglatten Fläche daherfliegt, die besäet mit funkelnden Kristallen - den Kindern der letzten Nacht - in den schönsten Farben des Regenbogens glänzt, dann schlägt das Herz lauter, und Leben bekömmt des Winters eisiges Gewand. In 15 Minuten ist die große Eiche erreicht – der halbe Weg. Welch ein liebliches Bild umfängt uns jetzt! – Der Wald im Winterschmuck! Majestätisch säumt er den Fluß ein, in den - wie kleine Inseln mit Schilf und Gesträuch bewachsen - mächtige Buhnen hinein ragen, überragt von riesigen Kiefern mit zimmtbraunen Stämmen und immergrünen Zweigen; der Blick verliert sich in des Waldes Nacht. Alles ist mit Reif, wie mit einem silbernen Schleier überzogen. Es ist so heimlich, so mährchenhaft. – Ueber uns breitet sich ein klarer Himmel aus, der in den schönsten Abstufungen, vom tiefen Blau, violett und orange, gefärbt ist. 30 Minuten sind seit unserer Abfahrt ver-

gangen, und vor uns liegt Berkenbrück mit seinen rothen Dächern und rauchenden Schornsteinen – das Ziel unserer Reise. Um Punkt 2 Uhr wird von der Kelch´schen Fabrik aus abgefahren.
Der Klub der Schlittschuhläufer
Wilhelm Richter" (98)

Die Eisfahrt.

Ausschnitt aus dem Neuruppiener Bilderbogen Nr. 1061 des Verlags von Gustav Kühn, um 1850

Verhaltensmaßregeln

Fürstenwalde liegt in der Mark Brandenburg. Was hat denn eigentlich Theodor Fontane, der Dichter und Berichter der Mark, dazu zu sagen?

„Fürstenwalde ist allerliebst und verdient ein eigenes Kapitel." (99) Dazu kam es leider nicht mehr. Wenige Zeilen weiter heißt es: „Während der Wagen über das Pflaster rasselte und rechts und links das helle Licht großstädtischer Gaslaternen in unser Fenster fiel, wandte ich mich, halb überrascht, mit der Frage an meinen Gefährten:

'Fürstenwalde hat Gas?'

'Ja und aus Stubben', lautete die Antwort.

'Aus Stubben?'

'Ja aus Stubben'

Nun erfuhr ich ein langes und breites über den Fürstenwalder Stadtforst, über Holzhandel und Wohlhabenheit und zuletzt auch über die 'Stubben', die in einer städtischen Gasanstalt auf Gas verarbeitet wurden. Ich gestehe das ich Respekt bekam. Wer unsere kleinen Städte kennt, weiß am besten, wie abgeneigt sie sind, auf spektakuläre Neuerungen einzugehen. Staatsneuereungen – ja; Stadtneuerungen – nein. Die Fürstenwalder haben ein Stück städtischen Lebens gezeigt; die meisten unserer Ackerstädte sind tot". (100)

Dass so früh schon Holz vergast wurde, das Gaswerk ging 1858 in Betrieb, wird manchem Techniker neu sein, gilt doch die Holzvergasung als eine Erfindung des 20. Jahrhunderts.

Der Verbraucher hatte damals ein paar Dinge zu beachten, die heute wegfallen dürfen. Sowohl das Gaswerk, als auch etwas später die Zeitung machten durch „Hausregeln für Gasbeleuchtung", auf Regeln für die Sicherheit, aufmerksam. Am Anfang des Herbstes sollte der Hauseigentümer die Dichtigkeit der Leitungen prüfen. Alle Entnahmestellen seien zu schließen und der Zählerstand zu merken. Nach einigen Stunden könne durch die Differenz am Gaszähler der Verlust in 24 Stunden berechnet werden.

Die Gaszähler waren noch nicht so komfortabel wie die 1851 von Julius Pintsch erfundenen. Der wichtigste Betriebsteil der Firma Pintsch war übrigens der 1872 errichtete Zweigbetrieb in Fürstenwalde. Die Zeitung rät noch 1863: „Der Gaszähler soll nur so weit mit Wasser gefüllt sein, dass nach geschlossenem Haupthahn bei geöffneter Wasserstandsschraube hier nur wenig Wasser heraustropft." Der Zähler sollte frostfrei aber an einem möglichst kühlen Ort angebracht werden. Kühle Gaszähler zählten eine geringere Menge Gas als solche die warm sind. Die Einsparung einer Aufstellung bei 0^0C gegenüber einer Umgebungstemperatur von 16^0 C betrug 7 ½ Prozent!

Es war bei kleinen Räumen und bei Sälen mit Festbeleuchtung für ausreichende Lüftung zu sorgen.

„Werden auf der Straße in der Nähe der Gasleitung Arbeiten am Pflaster, Wasserleitung u.s.w. vorgenommen, so thut der Bewohner des benachbarten Hauses gut, darauf zu achten, dass die Gasröhren nicht beschädigt werden, weil nach wiederholten Erfahrungen das hier etwa entwichene Gas auch in das Haus dringen und hier belästigend und schädlich wirken kann." (101)

Großer Bahnhof

Wenn am Ende des 19. Jahrhunderts Kaiser Wilhelm II. mit einem Zug an Fürstenwalde vorbeibrauste, war es der Zeitung immer eine Meldung wert. Das wirkt heute lächerlich. Am 18.9.1863 hatte Fürstenwalde jedoch tatsächlich europäische Prominenz auf seinem Bahnhof.

„Se. M. der König trafen gestern Mittag 11 ¾ Uhr von Berlin mit einem Extrazuge auf dem hiesigen Bahnhofe ein und wurden von den Spitzen der Behörden und der Geistlichkeit empfangen und von dem überaus zahlreich versammelten Publikum mit einem Hurrah begrüßt. In dem Gefolge Sr. M. befanden sich Se. K. H. der Kronprinz, die Prinzen Albrecht, Carl und Adalbert, der Erzherzog Leopold von Oesterreich, der Großherzog von Mecklenburg-Schwerin, der Prinz Friedrich der Niederlande, der Prinz Ludwig von Hessen, Lord Manchester, die Inspekteure des Bundes -Contigentes, die kaiserl. Russ. General-Adjudanten Graf Adlerberg und Güldenstubbe, der General-Feldmarschall v. Wrangel, der Kriegsminister v. Roon etc. Nach eingenommenem Frühstück im Königssaal bestiegen Se. M. und die K. Prinzen die am Tage zuvor eingetroffenen Hofequipagen und das Gefolge die bereit stehenden Postwagen, deren Anzahl sich weit über 50 belief, fuhren 12 ½ Uhr unter Jubelruf von hier ab und begaben sich zu den um Müncheberg stattfindenden Manövern des Garde- und 3. Armeecorps und dann nach Buckow. – Der Bahnhof war mit Blumengewinden und Kränzen sowie mit Fahnen in den preußischen Farben festlich geschmückt. Eine ungeheure Menschenmenge hatte sich sowohl hier, als auch auf dem Wege nach Müncheberg bis zur Kirschplantage aufgestellt." (102)

Straßenbäume

Außerhalb der bebauten Stadt gab es einige Alleen. In der Innenstadt wuchsen dagegen noch keine Straßenbäume. Es war wohl im Frühjahr 1858, als einige Hausbesitzer begannen, sich dort ihren persönlichen Baum vor das Häuschen zu pflanzen. Es bestand die Gefahr, dass die Straßen bald von einer geradezu buntscheckigen Vielfalt an großen und kleine Bäumen umsäumt würden. Die städtische Polizei griff sofort ein: „Die Herren Hausbesitzer, welche vor ihren Häusern Bäume pflanzen wollen, haben fortan dazu unsere Genehmigungen einzuholen und die dabei gestellten Bedingungen genau zu beachten. Wir bemerken hierbei, dass diese Genehmigung überall nur da ertheilt werden kann wo die Bäume dem Verkehr nicht hinderlich sind, dass in der Regel nur die Anpflanzung von Kugel-Akazien in den Straßen der Stadt gestattet werden wird, und es wünschenswerth erscheint, dass in denjenigen Straßen, wo überhaupt Baumpflanzungen stattfinden können, sämmtliche Hausbesitzer sich darüber vor Nachsuchung der Genehmigung einigen. Baumpflanzungen welche ohne Genehmigung geschehen, werden auf Kosten der Betheiligten fortgeschafft werden." (103)

Der Bahnhof um 1845

Eine Dienstreise

Manch ein Schriftstück benötigt keinen Kommentar:
„Erfahrungsbericht über die Reise n. Hamburg v. 3.9. -
4.9.1945 des Wirtschaftsamtsleiters der Stadt
Fürstenwalde /Spree
Nach glattem Verlauf der zu besorgenden Unterlagen,
die in Berlin zu beschaffen waren, um über die
Demarkationslinie zwischen der sowjetischen und
englischen Okkupationszone zu kommen, scheiterte
der Übertritt über die Grenze mit dem Personenkraftwagen Adler Triumph Junior IE 39 356
1. An dem Bescheid, daß über die Hauptstellen zur Zeit
ein Passieren nicht möglich ist ohne persönlichen
Befehl vom Marschall der Sowjet-Union Shukow oder
des Berliner Stadtkommandanten Generaloberst
Robertoff
2. Ist nur für den wirtschaftlichen Verkehr die Strecke
Magdeburg-Helmstedt in die vom Engländer besetzte
Zone offengehalten.
Trotz aller genauen Unterlagen für eine
Wirtschaftsfahrt von 10 Tagen in die Stadt Hamburg
gelang es uns bei fünfmaligem Anlauf nicht, über die
Grenze bei Boitzenburg hinüberzukommen. Beim sech-
sten Anlauf über Schwanheide nach Büchen wurden
wir von 3 russischen Soldaten - sie trugen jedenfalls
russische Uniformen -, von denen einer als Leutnant
uniformiert war, überfallen. Aus dem Gespräch der
drei, das sie unter sich führten, ging hervor, daß es auf
den Personenkraftwagen abgesehen war. Unter
Bedrohung von Maschinenpistolen zwangen sie uns zur
Herausgabe sämtlicher Papiere, darunter auch
Personalpapiere und der Brieftasche des Wirtschaftsamtsleiters mit einem Inhalt von 4.000,--RM. Die
Banditen, wovon der angebliche Leutnant einigerma-
ßen gut Deutsch sprach, wollten uns zwingen (3
Herren), zu Fuß zurückzulaufen, um in den Besitz des
Wagens zu gelangen. Sie begründeten diese Anweisung
mit der Bemerkung, daß wir den Kommandanten der
Stadt Boitzenburg bringen sollten, um den Wagen wie-
der von der Stelle auf der Landstraße abzuholen. Auf

hartnäckigen Widerstand stoßend, indem sich der Wirtschaftsamtsleiter nicht aus dem Wagen reißen ließ, und gefahrlaufend, daß eventuell noch weitere Passanten kommen konnten, drehten diese 3 Wegelagerer, mit einem Sachs-Motorrad versehen, ab und verschwanden in die Wälder.

Die Überfallenen sind dann sofort zum Stadtkommandanten von Boitzenburg zurückgefahren, um diesen Vorfall zu melden. Trotz ausgeschickter Patrouille ließen sich die Übeltäter nicht mehr feststellen.

Durch den Verlust der notwendigen Unterlagen für die geschäftliche Erledigung in Hamburg erübrigte sich eine Weiterfahrt nach Hamburg - ca. 40 km vor dem Ziel. Durch eine schriftliche Unterlage seitens des Kommandanten der Stadt Boitzenburg gelang es uns, unbehelligt bis zum Ausgangsort zurückzufahren, um dort bei der Zivil- und Militärbehörde Bericht zu erstatten.

Die Dienstfahrt sollte einem Ankauf von Fisch- und Räucherwaren sowie Gebrauchsartikel aus dem Kreis Hamburg dienen, die für die Versorgung der Stadt Fürstenwalde dringend notwendig sind. Bei einer erneuten Fahrt, die ende September stattfinden soll, scheint es angebracht, daß ein Schutz seitens der Roten Armee durch Stellung eines Soldaten zur Mitfahrt gestellt wird. [drei Unterschriften unleserlich] 6.9.45" (104)

Manöver

Es soll am Ende der siebziger Jahre des 19. Jahrhunderts gewesen sein. Es findet wieder ein Herbstmanöver im Bereich von Müncheberg und Fürstenwalde statt. Plötzlich wird bekannt, dass der Kronprinz, der spätere Kaiser Friedrich, in die Stadt reitet. Gegen 11 Uhr kommt der Prinz mit dem Generalstab über die Schleusen. Er trägt die Uniform seiner schlesischen Dragoner. Auf dem Markt, unmittelbar vor dem Rathaus, hat die Schützengilde Aufstellung genommen. Auf dem rechten Flügel stehen ihre drei Würdenträger. Der Prinz reitet heran und gibt dem ersten Ritter, Fleischermeister Hoffmann, die Hand. An der Ordenspracht des Fleischers ist zu erkennen, dass er alle drei Kriege, den von 1864 gegen Dänemark, von 1866 gegen Österreich und den Krieg 1870/71 gegen Frankreich mitgemacht hat. Er trägt auch das Alsenkreuz, d.h. er war an der Eroberung der dänischen Insel Alsen beteiligt gewesen, bei der preußische Truppen in Booten übersetzten.

„Guten Tag Herr Kollege" redet ihn der Kronprinz an und mutmaßt eine Infanterieeinheit, „Alsenkreuz Vierundzwanziger, Sechziger - stimmts ?" „Nein königliche Hoheit, Ziethen-Husar!" Der Prinz ist erstaunt. „Kavallerist mann?" Der Generaladjudant des Prinzen bestätigt, dass Teile der Ziethenhusaren den Übergang nach Alsen mitgemacht haben. Mit den Worten „Was man alles dazulernt" schüttelt er dem Fleischermeister nochmals die Hand und reitet weiter.

Unweit der Schützen hat die Turnerriege Aufstellung genommen. Sie sind voller freudiger Erwartung und hoffen auf markige Worte und einen freundlichen Händedruck für den Vorsitzenden. Ihr Vorsitzender ist der Schulvorsteher K. Das war entweder kenntlich gemacht oder Prinz Friedrich anderweitig vermittelt worden. Der preußische Prinz ruft den Turnern jedenfalls vom Pferd aus zu: „Na, die Schule schon aus? – Na, dann lernt fleißig weiter!" Die Turner fanden diesen leutseligen Zuruf niederschmetternd. (105)

Anmerkungen und Nachweise

1. Georg Pilz (Hrsg): Friedriche II, Wonach er sich zu richten hat. Urteile und Verfügungen, Berlin 1992, S. 74, 90.

2. G. F. G. Goltz: Diplomatische Chronik der ehemaligen Residenzstadt der Lebusischen Bischöfe Fürstenwalde, Fürstenwalde 1837, S. XX, S.468.

3. Aus der Stadtverordnetenversammlung.
   In: Fürstenwalder Zeitung vom 14.3.1922 und 13.6.1922.
   Liste der Bürgermeister Fürstenwaldes.
   Museum Fürstenwalde.

4. F. Wilke, Thomas Hennig: Schloß Fürstenwalde (Schlösser und Gärten der Mark), Berlin 2001, S. 14-18.
   G. F. G. Goltz: Diplomatische Chronik der ehemaligen Residenzstadt der Lebusischen Bischöfe Fürstenwalde, Fürstenwalde 1837, S. 317, 524, 555, 573.

5. R. Schulz: Maschinenschriftliche Dokumentation im Museum Fürstenwalde, Erläuterung 108 und Seite 429.

6. Fürstenwalder Zeitung 2.7.1895.

7. Fürstenwalder Zeitung 14.7.1895.

8. Fürstenwalder Zeitung 16.7.1895.

9. Friedländer, Hugo: Interessante Kriminalprozesse, von kulturhistorischer Bedeutung, Berlin 1911 S. 160 - 197.

10. G. F. G. Goltz: Diplomatische Chronik der ehemaligen Residenzstadt der Lebusischen Bischöfe Fürstenwalde, Fürstenwalde 1837, S. 568 f, 558.

11. G. F. G. Goltz: Diplomatische Chronik der ehemaligen Residenzstadt der Lebusischen Bischöfe Fürstenwalde, Fürstenwalde 1837, S. 338f.

12. G. F. G. Goltz: Diplomatische Chronik der ehemaligen Residenzstadt der Lebusischen Bischöfe Fürstenwalde, Fürstenwalde 1837, S.255, 321, 332, 632.

13. 500 Jahre Schützengilde, Fürstenwalde 1927. (wohl eine Beilage zur Fürstenwalder Zeitung)

14. Fürstenwalder Zeitung, 11.5.1908. Fürstenwalder Zeitung, 6.12.1876.

15. Foto und Postkartensammlung, Museum Fürstenwalde. Fürstenwalder Zeitung, 11.5.1908.

16. Jugend- Erinnerungen aus meiner Vaterstadt Fürstenwalde. In: Unsere Heimat 1924ff. Maschinenschriftliche Abschrift von Lebenserinnerungen, Museum Fürstenwalde.

17. Jugend - Erinnerungen aus meiner Vaterstadt Fürstenwalde. In: Unsere Heimat 1924.

18. Maschinenschriftliche Abschrift von Lebenserinnerungen, Museum Fürstenwalde.

19. Goltz, Geschichte des königlich preußischen dritten Ulanen - Regiments, Fürstenwalde 1841, S.203f.

20. Dr. G. F. G. Goltz. In: Unsere Heimat 1930ff.

21. H. v. Guretzky - Cornitz, Geschichte des 1. Brandenburgischen Ulanen- Regiments (Kaiser von Rußland) No. 3, Berlin 1866; S.V, 342 - 344.

22. J.Schauer: Friedrich Schiller´s Lebensgeschichte, Fürstenwalde 1859.

23. Fürstenwaldische Kirchengeldrechnung, 1624. Domarchiv der St. Marien Domgemeinde Fürstenwalde

24. G. F. G. Goltz: Diplomatische Chronik der ehemaligen Residenzstadt der Lebusischen Bischöfe Fürstenwalde, Fürstenwalde 1837, S. 365.

25. Fürstenwalder Zeitung, 1.12.1891.

26. Fürstenwalder Zeitung, 15.12. 1897.

27. Handschriftliche Notiz von R. Sachs auf einem Notenblatt „Kaiser Alexander Marsch". Museum Fürstenwalde.

28. Sammlung undatierter Zeitungsausschnitte Rückblicke auf Fürstenwalde. In: Unsere Heimat, 1/1928 ff

29. G. F. G. Goltz: Diplomatische Chronik der ehemaligen Residenzstadt der Lebusischen Bischöfe Fürstenwalde, Fürstenwalde 1837, S. 411.

30. Sammlung von Abschriften und Kopien. Museum Fürstenwalde

31. Ebenda.

32. R. Schulz: Dokumentation, Maschinenmanuskrip. Museum Fürstenwalde.

33. G. F. G. Goltz: Diplomatische Chronik der ehemaligen Residenzstadt der Lebusischen Bischöfe Fürstenwalde, Fürstenwalde 1837, S. 415f.

34. Ausführlich in: F. Wilke: Bischofsresidenz Fürstenwalde, S. 30f.
Breitenbach, O.: Land und Bistum Lebus im Zeitalter der Reformation. Manuskript eines Vortrages vom 13.2.1929. Museum Fürstenwalde.

35. Fürstenwalder Zeitung 8.7.1846 und 28.11.1847.

36. Nachtrag zu dem Statut der Sparkasse zu Füstenwalde vom 26. Juni /7. Decbr. 1847.

37. Ausführlich in: F. Wilke: Bischofsresidenz Fürstenwalde, S. 24f.
Breitenbach, O.: Land und Bistum Lebus im Zeitalter der Reformation, Manuskript eines Vortrages vom 13.2.1929, Museum Fürstenwalde.

38. G. F. G. Goltz: Diplomatische Chronik der ehemaligen Residenzstadt der Lebusischen Bischöfe Fürstenwalde, Fürstenwalde 1837, S. 419f.

39. G. F. G. Goltz: Diplomatische Chronik der ehemaligen Residenzstadt der Lebusischen Bischöfe Fürstenwalde, Fürstenwalde 1837, S. 421f.

40. Fürstenwalder Zeitung, 17.6.1888.

41. Fürstenwalder Zeitung, 2. 8. 1910.

42. Fürstenwalder Zeitung, 30.7.1910.

43. Fürstenwalder Zeitung, 30.12.1902.

44. Verordnung, dass die Fürstenwaldische Jahr-Märckte nicht des Sonntags gehalten werden sollen. Vom 22. Augusti 1674.

45. Maschinenschriftliche Abschriften nicht näher
    bezeichneter Lebensberichte und undatierte
    Zeitungsausschnitte. Museum Fürstenwalde.
Fürstenwalder Zeitung, 17.6.1865.
Fürstenwalder Zeitung, 10.7.1872.

46. Fürstenwalder Zeitung, 30.7.1910.
Kopie und Ausschnittsammlung Museum
    Fürstenwalde

47. Fürstenwalder Zeitung, 2.8.1910.

48. Fürstenwalder Zeitung, 4.8.1910.

49. Jacob Lotichius: Die Stadt Fürstenwalde,
    Fürstenwalde 1679, S. 42.

50. (E. Unger) Undatierte Zeitungsausschnitte und
    Manuskriptfragmente. Museum Fürstenwalde.
F. Wilke: Stadtpfeifers Weib gebar eine Mißgeburt. Die
    Geschichte der Kunstpfeifer in Fürstenwalde;
    In: Spreeaufwärts 6.3.1991, S.5.

51. Dokumente und Dokumentkopien sowie
    Zeitungsausschnitte zum Dom. Museum
    Fürstenwalde.

52. G. F. G. Goltz: Diplomatische Chronik der ehemali-
    gen Residenzstadt der Lebusischen Bischöfe
    Fürstenwalde, Fürstenwalde 1837, S. 372 ff.

53. Schriftstücke im Bestand des Museums
    Fürstenwalde.
Bezüglich der Archivrecherchen danke ich Herrn
    Bemmann, Fürstenwalde.

54. G. F. G. Goltz: Diplomatische Chronik der ehema-
    ligen Residenzstadt der Lebusischen Bischöfe
    Fürstenwalde, Fürstenwalde 1837, S. 372 ff.

55. Ebenda, S. 377.

56. G. F. G. Goltz: Diplomatische Chronik der ehema-
    ligen Residenzstadt der Lebusischen Bischöfe
    Fürstenwalde, Fürstenwalde 1837, S. 366ff,
    331.

57. Adelung: Grammatisch-kritisches Wörterbuch der
    Hochdeutschen Mundart, Band 1. Leipzig
    1793, S. 1264-1265.

58. G. F. G. Goltz: Diplomatische Chronik der ehema-
    ligen Residenzstadt der Lebusischen Bischöfe
    Fürstenwalde, Fürstenwalde 1837, S. 366ff,
    331.

59. Ebenda.

60. Fürstenwalder Zeitung, 11.12.1891.

61. Fürstenwalder Zeitung 3.10.1898.
Ausschnittsammlung, Museum Fürstenwalde.
Nachruf. In: Fürstenwalder Zeitung 9.10.1898.

62. Fürstenwalder Zeitung, 29.4.1893.

63. Fürstenwalder Zeitung, 29. August 1897.

64. Unsere Heimat, Juli 1929.

65. Fürstenwalder Zeitung, 7.6.1899.

66. Fürstenwalder Zeitung, 8.6.1899.
Fürstenwalder Zeitung, 7.6.1865.

67. „Polizeiverordnung betr. Den Verkehr mit
    Fahrrädern auf öffentlichen Wegen, Straßen
    und Plätzen". Veröffentlicht im Adressbuch
    (ca. 1901).

68. Kopien und Abschriften. Museum Fürstenwalde.

69. Bück: Der Zieglermeister, Wien und Leipzig 1908, S.136f.

70. Vermischtes. In: Deutsche Bauzeitung, Berlin, Mai 1870, S.149.
Aufhebung des Hoffmann- Licht´schen Patents auf Ringöfen. In: Deutsche Bauzeitung, Berlin, August 1870, S.268.
Lämmerhirt: Der Hoffmannsche Ringofen und die preußische Patent - Kommission. In: Deutsche Bauzeitung 6, Berlin 1872, S. 82- 85, 92 - 94, 101 -104 und 230-231.

71. Mitteilungen aus Vereinen. In: Deutsche Bauzeitung 6, Berlin 1872,S. 170f, S. 199f.

72. Ehrenbürgerurkunde. Museum Fürstenwalde, o. Nr.
Für die Unterstützung danke ich Herrn Dr. W. Töpfer, Frankfurt (Oder)

73. Foto im Museum Fürstenwalde ohne Herkunftsnachweis. (Widerspricht schriftlichen Darlegungen, welche 1849 als Erscheinungsbeginn nennen)

74. Kopien und Abschriften. Museum Fürstenwalde, "Politische Unruhen 1848".

75. Kopien und Abschriften. Museum Fürstenwalde.

76. Fürstenwalder Zeitung, 8.5.1908.

77. Fürstenwalder Zeitung, 22.4.1863.

78. Erinnerungen eines alten Fürstenwalders. Undatierter Zeitungsausschnitt.

79. Fürstenwalde vor 60-70 Jahren. Maschinenabschrift, Museum Fürstenwalde.

80. Fürstenwalde vor 60-70 Jahren.
Maschinenabschrift, Museum Fürstenwalde.

81. Alle Daten nach der maschinenschriftlichen aus
führlichen Darlegung von Horst Wilke: Eine
kleine Stadt baut sich ein Kriegerdenkmal,
Museum Fürstenwalde.
Fürstenwalder Zeitung, 5. Juli 1887.

82. Erinnerungen aus dem Leben unseres Großvaters
Daniel Friedrich Ludwig Hamann (1795-1888).
Maschinenabschrift, Museum Fürstenwalde.

83. G. F. G. Goltz: Diplomatische Chronik der ehemaligen Residenzstadt der Lebusischen Bischöfe
Fürstenwalde, Fürstenwalde 1837, S. 418.

84. G. F. G. Goltz: Diplomatische Chronik der ehemaligen Residenzstadt der Lebusischen Bischöfe
Fürstenwalde, Fürstenwalde 1837, S. 377 ff.

85. Ebenda.

86. G. F. G. Goltz: Diplomatische Chronik der ehemaligen Residenzstadt der Lebusischen Bischöfe
Fürstenwalde, Fürstenwalde 1837, S.339.

87. Stefan Sarrach: 1918: Novemberrevolution in
Fürstenwalde.
In: http://www.sarrach.de/rotesfw.php (Juli
2008).

88. G. F. G. Goltz: Diplomatische Chronik der ehema-
ligen Residenzstadt der Lebusischen Bischöfe
Fürstenwalde, Fürstenwalde 1837, S. 461f,
S.300.

89. Ebenda, S. 461f.

90. Fürstenwalder Zeitung, 31.1.1866.

91. Rückblicke auf Fürstenwalde.
   In: Unsere Heimat 1928

92. Kopien und Abschriftensammlung. Museum
   Fürstenwalde

93. Rudolf Fähndrich: Allerlei aus den Fürstenwalder
   Kirchenbüchern. In: Fürstenwalder Zeitung,
   20./21.5.1936.

94. F. Wilke: Die Quartiermutter hatte das Sagen. In:
   Fürstenwalder Lesebuch, Berlin 1997, S. 17ff.

95. Fürstenwalder Zeitung, 19.5.1866.

96. Fürstenwalder Zeitung, 6.7.1872.

97. Fürstenwalder Zeitung, 12.7.1865.

98. Fürstenwalder Zeitung, 4.1.1863.

99. Theodor Fontane: Wanderungen durch die Mark
   Brandenburg. Zweiter Teil, Das Oderland,
   Berlin und Weimar 1987, S. 647.

100. Ebenda.

101. Hausregeln für Gas- Beleuchtung. In:
   Fürstenwalder Zeitung, 28.1.1863, S. 30,
   31.1.1863, S.34.

102. Tagesgeschichtliches. In: Fürstenwalder Zeitung,
   19.9.1863.

103. Fürstenwalder Zeitung, 9.5.1858.

104. Dokument im Museum Fürstenwalde. Alte
   Nr.: DO1292.

105. Fürstenwalder Originale und anderes aus älterer
   Zeit. In: Unsere Heimat 1925.

Die Geschehnisse um Perpourcher, den Zahnarzt, das Gut Trebus und R. Ley beruhen auf persönlichen Mitteilungen der Akteure oder der Augenzeugen.

Abbildungsnachweis

10, G. F. G. Goltz: Diplomatische Chronik der ehemaligen Residenzstadt der Lebusischen Bischöfe Fürstenwalde, Fürstenwalde 1837.

14,25,26,33,36,43,44,47,48,52,59,60,62,68,76, 86, 88,91,93,96,101, 123, Museum Fürstenwalde.

19, Fürstenwalder Zeitung, 2.7.1895.

30, Fürstenwalder Zeitung, 4.4.1865.

34, Slg. Wilke.

38, Stamm- Rang und Quartier- Liste des Königl. Preuß. 3.Ulanenregiments, Berlin 1839.

80, Kupferstich von Petzold, ca. 1708 (Ausschnitt)

94, Slg. Heimatstbe Rauen, Andreas Simon. (Kopie)

110,Merian,M.:Topographia Electoratus Brandenburgici et Ducatus Pomeraniae, 1652.

119 Neuruppiener Bilderbogen Nr. 1061 des Verlags von Gustav Kühn um 1850.

Inhalt